好看！实用！国内首推大众版图典！热量控制全公开！

饮食减肥热量图谱

养生堂编委会◎编

- 揭秘果汁与素食的高卡真相
- 惹味火锅的高卡陷阱
- 挚爱零食到底有多少卡路里
- 推荐真正清爽活力的低卡蔬果
- 解开家常菜的卡路里迷思

中国轻工业出版社

contents

目录

contents

什么是卡路里?

“卡路里”（Calories）是热量单位的英文译音，标准译名一般用[卡]（cal）或[千卡]（kcal）来表示，1卡（1卡＝4.186焦）热量相当于使1克水的温度上升1℃所需要的热量，而1千卡则是1升水的温度上升1℃时所需要的热量。然而，如今的“卡路里”已被许多人视为热量代名词。本书采取此种说法。

每个人都需要热量来维持身体的机能，但是如果不能在每次摄取热量后将体内旧有的热量消耗掉，例如暴饮暴食及不均衡的饮食习惯，那热量便会变成脂肪堆积身体里，导致肥胖症的产生。

而且，热量高不代表营养价值也高，例如雪糕的热量就比较高，但这并不是指雪糕的蛋白质、矿物质、维生素等营养成分的含量也高。

认识及理解食物所含的热量与脂肪有助于你成功地控制体重，盲目的计算热量不是最佳的方法，找出自己所需要的热量，按照健康饮食的观念，配合合理的运动，自然能健康地达到理想的体重。不少减肥计划只可实施一段短时间，可能是方法并不实际，又或者是食谱太单调，本书可以使你自由选择适合你的食物，配合运动来控制体重，是最能迎合不同人士需要的热量控制手边书，本书中列举了超过1000种的食物热量指标，为读者提供一个全面的食物选择。

肥胖影响身体健康

肥胖的主要原因是脂肪积蓄在身体内，得不到释放，而过多的脂肪会引起各种疾病的产生，比如：糖尿病、心脏病、高血压、中风、关节病等，因此过分肥胖对健康有严重的威胁，我们不能掉以轻心。

健康饮食金字塔

"健康饮食金字塔"是根据我国居民膳食结构特点设计的，它把平衡膳食的原则转化成各类食物的重量，并用金字塔的形式表现出来，以直观的方式告诉人们每天吃各类食物的合理范围，便于大家理解和在日常生活中实行。

金字塔各层位置和面积不同，这在一定程度上反映出各类食物在膳食中的地位和应摄取的比重。

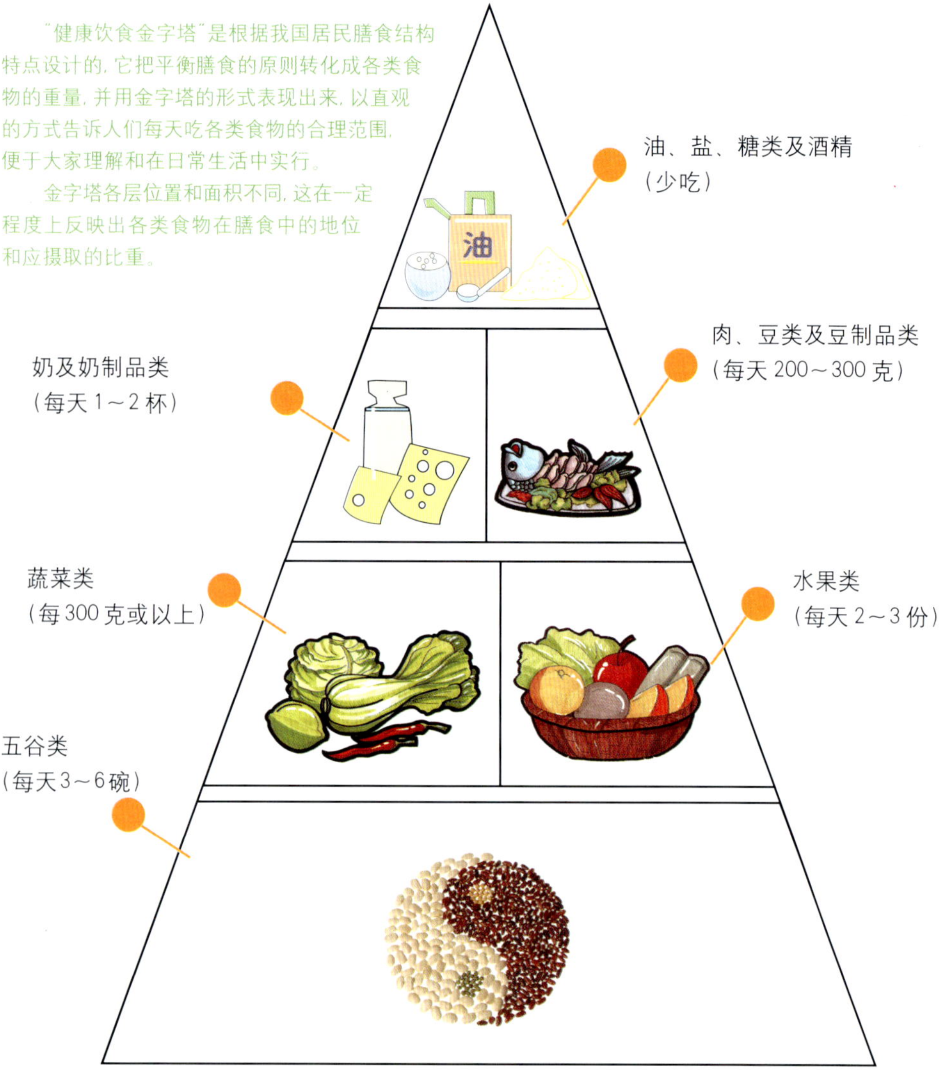

健康运动金字塔

运动可以消耗身体里的卡路里，燃烧脂肪，从而达到强身健体的目的。运动的时间、强度、频率，都会从不同程度上影响到运动的效果，同时还应结合你的年龄与现有的身体状况才能获得期望的运动效果。

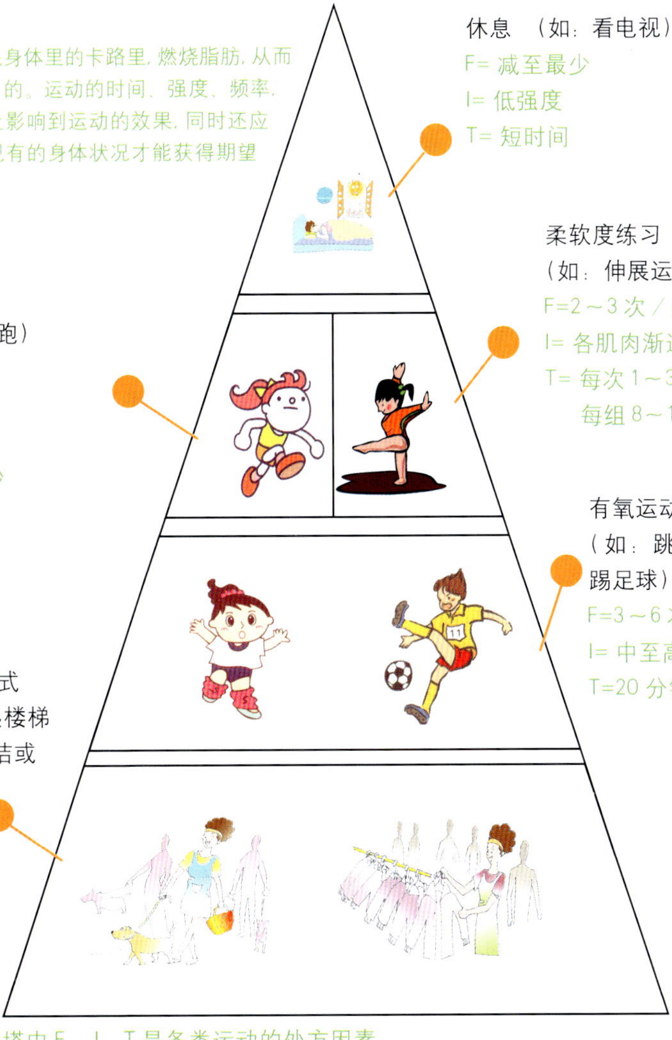

休息 （如：看电视）
F= 减至最少
I= 低强度
T= 短时间

柔软度练习
（如：伸展运动）
F=2～3 次 / 星期
I= 各肌肉渐进负荷
T= 每次 1～3 组
每组 8～12 次

健身运动（如：慢跑）
F=3～7 次 / 星期
I= 伸展至拉伸
T= 每次 1～3 组
每组 10～60 秒

有氧运动
（如：跳健身操、踢足球）
F=3～6 次 / 星期
I= 中至高强度
T=20 分钟以上

身体活动的生活模式
（如：步行上班，爬楼梯代替电梯，家居清洁或洗车）
F= 每天尽量做到
I= 中等强度
T=30 分钟或以上

注：上述运动金字塔中，F、I、T 是各类运动的处方因素：
F= 运动频率（次 / 星期） I= 运动强度（低 / 中 / 高强度） T= 运动时间（分钟）

评估你的身高与体重比例

什么是健康体重？

体重指数（BMI）是用来评估体重的公式，体重指数适合所有18～65岁的人士使用，儿童、发育中的青少年和孕妇及哺乳期女性除外。

计算方法：

$$体重指数 = \frac{体重（公斤）}{身高（米）^2}$$

成年人请对照以下表格：

体重指数	类别	患病几率
<18.5	过轻	低
18.5～22.9	正常	中等
23～24.9	超重	增加
25～29.9	肥胖	高
≥30	太胖	严重

注：体重指数低于18.5的人士不宜再减肥，体重指数在22.9或以下的人士最多可将体重指数减至18.5。体重指数高于22.9者，应将体重指数等于22.9作为初步的减肥目标。

体重指数对照表(1)

身高(米)	过轻	适中	超重	肥胖	超肥
1.40	<36.3	36.3–44.9	45.1–48.8	49.0–58.6	58.8 或以上
1.41	<36.8	36.8–45.5	45.7–49.5	49.7–59.4	59.6 或以上
1.42	<37.3	37.3–46.2	46.4–50.2	50.4–60.3	60.5 或以上
1.43	<37.8	37.8–46.8	47.0–50.9	51.1–61.1	61.3 或以上
1.44	<38.4	38.4–47.5	47.7–51.6	51.8–62.0	62.2 或以上
1.45	<38.9	38.9–48.1	48.4–52.4	52.6–62.9	63.1 或以上
1.46	<39.4	39.4–48.8	49.0–53.1	53.3–63.7	63.9 或以上
1.47	<40.0	40.0–49.5	49.7–53.8	50.4–64.6	64.8 或以上
1.48	<40.5	40.5–50. 2	50.4–54.5	54.8–65.5	65.7 或以上
1.49	<41.1	41.1–50.8	51.1–55.3	55.5–66.4	66.6 或以上
1.50	<41.6	41.6–51.5	51.8–56.0	56.3–67.3	67.5 或以上
1.51	<42.2	42.2–52.2	52.4–56.8	57.0–68.2	68.4 或以上
1.52	<42.7	42.7–52.9	53.1–57.5	57.8–69.1	69.3 或以上
1.53	<43.3	43.3–53.6	53.8–58.3	58.5–70.0	70.2 或以上
1.54	<43.9	43.9–54.3	54.5–59.1	59.3–70.9	71.1 或以上
1.55	<44.4	44.4–55.0	55.3–59.8	60.1–71.8	72.1 或以上
1.56	<45.0	45.0–55.7	56.0–60.6	60.8–72.8	73.0 或以上
1.57	<45.6	45.6–56.4	56.7–61.4	61.6–73.7	73.9 或以上
1.58	<46.2	46.2–57.2	57.4–62.2	62.4–74.6	74.9 或以上
1.59	<46.8	46.8–57.9	58.1–62.9	63.2–75.6	75.8 或以上
1.60	<47.4	47.4–58.6	58.9–63.7	64.0–76.5	76.8 或以上
1.61	<48.0	48.0–59.4	59.6–64.5	64.8–77.5	77.8 或以上
1.62	<48.6	48.6–60.1	60.4–65.3	65.6–78.5	78.7 或以上

体重指数对照表(2)

身高(米)	过轻(公斤)	适中(公斤)	超重(公斤)	肥胖(公斤)	超肥(公斤)
1.63	<49.2	49.2–60.8	61.1–66.2	66.4–79.4	79.7 或以上
1.64	<49.8	49.8–61.6	61.9–67.0	67.2–80.4	80.7 或以上
1.65	<50.4	50.4–62.3	62.6–67.8	68.1–81.4	81.6 或以上
1.66	<51.0	51.0–63.1	63.4–68.6	68.9–82.4	82.7 或以上
1.67	<51.6	51.6–63.9	64.1–69.4	69.7–83.4	83.7 或以上
1.68	<52.2	52.2–64.6	64.9–70.3	70.6–84.4	84.7 或以上
1.69	<52.8	52.8–65.4	65.7–71.1	71.4–85.4	85.7 或以上
1.70	<53.5	53.5–66.2	66.5–72.0	72.3–86.4	86.7 或以上
1.71	<54.1	54.1–67.0	67.3–72.8	73.1–87.4	87.7 或以上
1.72	<54.7	54.7–67.7	68.0–73.7	74.0–88.5	88.7 或以上
1.73	<55.4	55.4–68.5	68.8–74.5	74.8–89.5	89.7 或以上
1.74	<56.0	56.0–69.3	69.6–75.4	75.7–90.5	90.8 或以上
1.75	<56.7	56.7–70.1	70.4–76.3	76.6–91.6	91.8 或以上
1.76	<57.3	57.3–70.9	71.2–77.1	77.4–92.6	92.9 或以上
1.77	<58.0	58.0–71.7	72.1–78.0	78.3–93.7	94.0 或以上
1.78	<58.6	58.6–72.6	72.9–78.9	79.2–94.7	95.1 或以上
1.79	<59.3	59.3–73.4	73.7–79.8	80.1–95.8	96.1 或以上
1.80	<59.9	59.9–74.2	74.5–80.7	81.0–96.9	97.2 或以上
1.81	<60.6	60.6–75.0	75.4–81.6	81.9–98.0	98.2 或以上
1.82	<61.3	61.3–75.9	76.2–82.5	82.8–99.0	99.3 或以上
1.83	<62.0	62.0–76.7	77.0–83.4	83.7–100.1	100.5 或以上
1.84	<62.6	62.6–77.5	77.9–84.3	84.6–101.2	101.6 或以上
1.85	<63.3	63.3–78.4	78.7–85.2	85.6–102.3	102.6 或以上

热量需要指标

中国成年男女每天平均热量需要

年龄	男（千卡）	女（千卡）
18～49	2400～3200	2100～2700
50～59	2300～3100	1900～2200
60～69	1900～2200	1800～2000
70～79	1900～2100	1700～1900
80 及以上	1900	1700

以上是一般热量需要的估计，要计算个人的需要可参照以下的公式。

计算每天热量需要的公式

每天热量需要 = 基础代谢率 × 活动量份数

基础代谢率（BMR）是指当我们的身体处于休息状态时所需要摄取的热量以维持最基本的身体机能，如呼吸、心跳及维持体温。BMR 会受多种因素的影响，包括年龄、体重及身高，年龄越小，身材越高，体重越重，BMR 也越高，另外，因为男性的肌肉组织比女性多，所以，男性的 BMR 比女性高 10%～15%。

1. 基础代谢率（BMR）

计算基础代谢率的公式：

女性：

BMR（千卡）=65.5+(9.6 × W)+(1.8 × H)-(4.7 × A)

男性：

BMR（千卡）=66+(13.7 × W)+(5 × H)-(6.8 × A)

注： w：实际体重 （公斤）
H：身　　高 （厘米）
A：年　　龄 （岁数）

2. 活动量份数

性别	轻量	中量	大量
男性	1.55	1.78	2.10
女性	1.56	1.64	1.82

活动量定义：

轻量活动：步行4～5公里，购物、洗衣、打高尔夫球等
中量活动：园艺、骑自行车、打网球等
大量活动：跑步、爬山、游泳、踢足球等

通过以上几步，你就可大致推算出自己一天所需要的热量了。从而更进一步地了解维持身体机能正常运转到底需要多少热量，还应减去多少热量，为自己健康、合理地减肥或控制体重找到准确的科学根据。

你若是想要增加体重：

在维持日常所需标准热量的基础上加上500～1000千卡，每星期便可增加0.5 公斤的体重。

若是需要减轻体重：

在维持日常所需标准热量的基础上减去500～1000千卡，每星期便可减去0.5 公斤的体重。

减低每天摄取的总热量可用以下三种方法：

1，控制饮食的热量摄入；

2，增加运动量以消耗热量；

3，以上两种方式都用，双管齐下。

当然这里的控制饮食与运动都是适量的。另外，持之以恒才是最重要的。这样才能真正达到减肥的效果。

减肥最有效的方法是控制饮食，并加以适量的运动，单是控制饮食而不运动是非常不科学的，而且运动可以增强体质，让身体的抵抗力更强，运动是维持和促进健康体质的重要一环。

注意：正在怀孕或是哺乳期的女性不宜减肥，患有慢性病或已受伤的人要在医生或是营养师的指导下减肥，即使是减肥，每天热量都不应低于1000千卡（除非在医生的控制下进行），以免导致营养不良而对身体造成不必要的伤害。

肥胖类型自测表

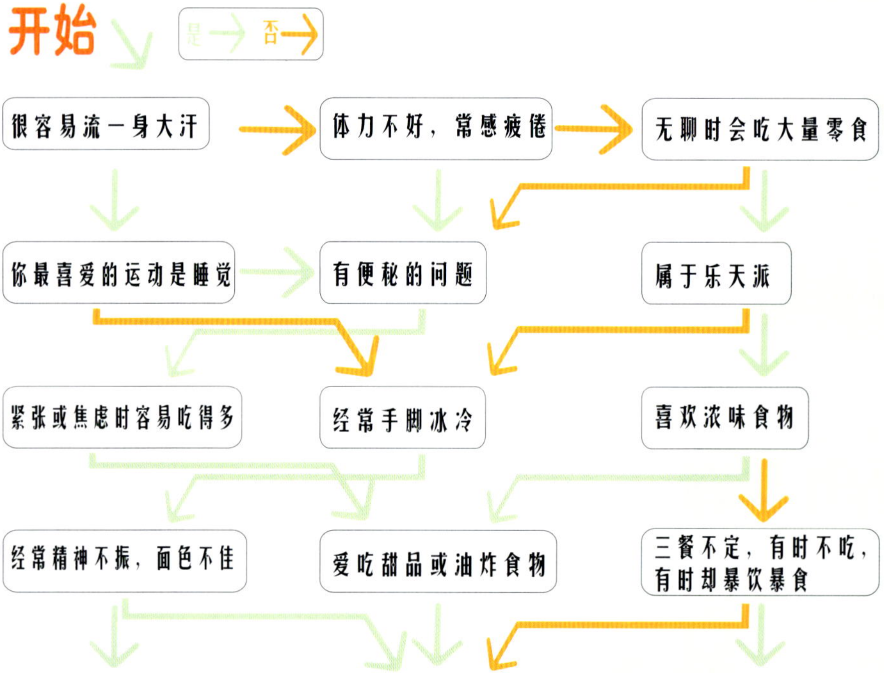

水肿型肥胖

经常出外用膳，食用太多浓味或味精重的食物，加上饮水不足，令身体积聚过多不洁的水分，阻塞排泄管道，形成水肿型肥胖，引致面部、腿部、腰部及臀部出现浮肿。另外，因地心吸力的缘故，长期站立或坐着工作，令大量不洁水分积聚于下半身，造成压力，形成青筋腿或令腿部容易酸软疲劳。

脂肪型肥胖

经常进食粥、粉、面、饭、零食（汽水、朱古力等），令身体摄取过多糖分及淀粉质，转化为“懒惰脂肪”积聚于身体多年，难以被减掉。另外，缺乏运动令新陈代谢逐渐减慢，未能有效提升燃烧体内“懒惰脂肪”的能力，令顽固的脂肪沉积于手臂、肚腩、腰间及臀部。

混合型肥胖

由于饮食文化、生活习惯或工作关系，研究显示大部份肥胖的女性多数是混合型肥胖（水肿型肥胖+脂肪型肥胖），不洁水分及顽固脂肪积存于身体各部份，令您肥肿难分。

腰臀指数

腰臀指数（英文全称为Waist-Hip Ratio，即WHR）

腰围与臀围的比例（WHR）= 腰围 / 臀围

女性的标准腰臀指数：0.8 或以下
男性的标准腰臀指数：0.85 或以下

例如一位女士腰围66cm，臀围80cm，她的腰臀指数便是0.825，超出了标准腰臀指数。

腰臀指数高的人，即所谓的苹果型：

代表他们的脂肪大多集中在腹腔间，较易引起心血管疾病。这情况较多发生在男性身上。

腰臀指数低的人，即所谓的啤梨型：

代表他们的脂肪大多集中在臀部及大腿，因此患上心血管疾病的机会比苹果型的人较低。这类人士则以女性为多。

测试你的肥胖可能性

请回答以下问题，"是" 得到 1 分，"否" 不计分，
然后看看下面的答案，你就知道自己离肥胖有多远了。

经常不吃早餐？ 是 □ 否 □

每周三天以上是三餐不定时？ 是 □ 否 □

吃饭时总比别人吃得快？ 是 □ 否 □

每餐几乎吃得很饱？ 是 □ 否 □

常常吃宵夜？ 是 □ 否 □

常常吃零食？ 是 □ 否 □

经常吃肥肉、鸡皮或油腻食物？ 是 □ 否 □

几乎不运动？ 是 □ 否 □

经常边看电视边吃东西？ 是 □ 否 □

经常喝可乐、汽水或含糖饮料？ 是 □ 否 □

爱吃重口味的食物？ 是 □ 否 □

经常八九点以后才吃完晚餐？ 是 □ 否 □

经常禁不起美食的诱惑？ 是 □ 否 □

吃凉拌菜时很爱加沙拉酱？ 是 □ 否 □

晚餐后爱小酌几杯？ 是 □ 否 □

吃汤面时一定把汤喝光？ 是 □ 否 □

不爱吃蔬菜、高纤维食物？ 是 □ 否 □

经常吃汉堡、薯条或其他快餐？ 是 □ 否 □

0～6分：（理智型） 恭喜你，你是一位理智的生活者，如果能再多运动，全身状况一定更好。

7～13分：（注意型） 你离肥胖已经不远了，快修正生活习惯，才能恢复苗条身材。

13～18分：（危险型） 你应该彻底地检讨自己的生活态度，如果再这样下去，体重将会持续增加。

减肥餐前评核标准

- 热量不能少于1000千卡，否则难以提供足够的维生素及矿物质来维持日常所需。
- 要提供40～60克蛋白质，是体重（以公斤计算）的8%～10%（即体重50公斤的减肥人士应每日进食40～50克蛋白质），应该由奶制品、肉类、蛋白或豆类制品（如豆腐或腐竹）中吸取优质的蛋白质。
- 要提供足够的纤维素，以维持饱肚的感觉，防止饥饿引起的暴食。蔬菜要用少量的脂肪烹调，沙拉则不能拌以沙拉酱，豆类含丰富的纤维，可代替部分的淀粉质食品。
- 水果含有果糖，尤其太甜的水果（如荔枝、芒果、香蕉或果汁）。一般每天吃1～2个含丰富维生素C的水果就足够。
- 脂肪提供最多的热量，每日可进食30～40克脂肪，应由植物油或鱼油中吸取，瘦肉类也含脂肪，不需额外进食动物脂肪。
- 多饮清水或绿茶，以排泄体内废物。饮品以少糖少咖啡因的饮品为佳，每日应喝8～10杯水（含汤水）。
- 宜进食低脂奶1杯，巧克力架2块，以防太过饥饿。

米饭类

平凡而亲切的米饭，是人体每日补充营养素的基础食物，是东方各民族的主食之一，更被列为“世界十五大健康食品”之一。米饭的主要成分是碳水化合物、蛋白质、脂肪、纤维素，也富含人体所需的其他微量元素。单纯的米饭热量偏低，但“外食一族”经常接触的盖浇饭、蛋炒饭、咖喱饭却都在烹调过程中吸入了大量油脂、盐类，而变成“高卡”食物了。

1

白饭 200克 296千卡

2

稀饭 200克 144千卡

3

寿司 30克 44千卡

4

红豆饭 150克 255千卡

5

栗子糯米饭　150克　257千卡

6

什锦饭　150克　263千卡

7

咖喱饭　250克　453千卡

8

蛋花盖浇饭　210克　172千卡

9

麻婆豆腐盖浇饭 210克　212千卡

10

扬州炒饭　200克　600千卡

面食类

用小麦磨制而成的面粉，有精面粉与全麦面粉之分。精面粉颜色洁白，是利用小麦的胚乳精加工而成，其他部分被除去了，相应的营养物质也就没有了。长期食用精面粉会引起某些营养素特别是维生素B1的缺乏。全麦粉是用全麦磨制而成的，颜色呈浅棕色，营养成分保持较好，因此营养学家推荐大家多吃全麦食品。

1
烫熟乌龙面 250克 253千卡

2
烫熟荞麦面 250克 330千卡

3
烫熟凉面 200克 256千卡

4
烫熟意大利细面 250克 373千卡

5
烫熟宽面 160克 238千卡

6
烫熟通心粉 50克 75千卡

7
意大利千层面 100克 149千卡

8
油炸方便面 116克 355千卡

9

凉拌乌龙方便面 276 克　395 千卡

10

快餐荞麦面　98 克　355 千卡

11

肉酱通心粉　160 克　194 千卡

12

番茄酱汁通心粉 160 克　189 千卡

13

磨菇酱汁通心粉 160 克　243 千卡

14

吐司面包　90 克　189 千卡

15

全麦面包　65 克　172 千卡

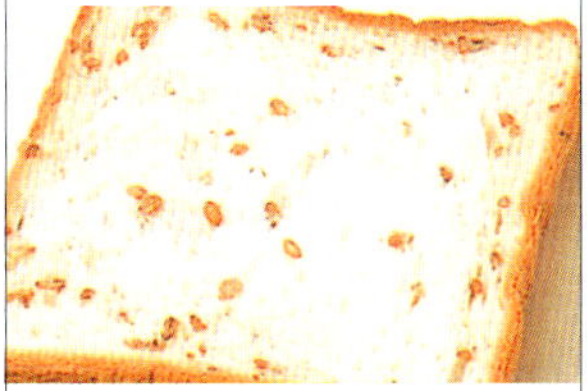

16

葡萄干面包　70 克　182 千卡

17

牛角面包　30 克　129 千卡

18

法式面包　50克　147千卡

19

汉堡面包　90克　251千卡

20

红豆面包　82克　218千卡

21

巧克力海螺面包 76克　213千卡

22

奶油面包　108克　296千卡

23

果酱面包　78克　218千卡

24

甜甜圈　55克　237千卡

Tips:

面食类真正特别的地方是它含有许多食物没有的维生素E。这一点非常重要，因为维生素E可降低胆固醇并预防胆固醇黏附在动脉壁上，从而减少罹患心脏病的危险。

维生素E极难从普通食物中获得，一般只有在烹饪用油中才找得到，但在谈“油”色变的今天，没有人会大量摄入油来获取维生素E。而我们最常食用的面食，却可以让我们毫无负担地获得大量的维生素E。

点心类

五花八门、口味翻新的各式点心是都市MM们又爱又怕的“尤物”，让人难舍难弃的美味享受与让人忘而却步的高热量经常让追求健康塑身的女孩子们不知如何选择。“美味”确实在大部份情况下意味着高糖、高油、高热量、高胆固醇，所以我们就更需要“知己知彼”，熟知每一种点心的热量，科学地、适量地摄入，让美食与健康同行。

1

肉包 80克 194千卡

2

豆沙包 120克 335千卡

3

肉粽 135克 325千卡

4

春卷 50克 84千卡

5

烧麦 15克 32千卡

6

水饺 20克 39千卡

7

奶油蛋糕 110克 374千卡

8

巧克力蛋糕 115克 359千卡

9

乳酪蛋糕 140克 435千卡

10

慕斯蛋糕 160克 210千卡

11

苹果派 185克 586千卡

12

普通蛋糕 100克 210千卡

13

奶油泡芙 70克 175千卡

14

蜂蜜蛋糕 50克 158千卡

15

牛奶鸡蛋布丁 150克 | 218千卡

16

布丁 75克 | 109千卡

17

罐头橘子 130克 | 81千卡

18

罐头菠萝 40克 | 32千卡

19

罐头桃子 60克 | 49千卡

20

罐头樱桃 30克 | 15千卡

21

罐头梨　60克　46千卡

22

罐头枇杷　45克　41千卡

23

咖啡冻　100克　60千卡

24

牛奶布丁　130克　125千卡

25

冰果露　30克　32千卡

26

乳糖冰淇淋　25克　42千卡

1	香　蕉 25 克	22 千卡	6	哈密瓜 15 克	7 千卡
2	樱　桃 6 克	3 千卡	7	葡萄柚 20 克	8 千卡
3	鲜奶油 20 克	94 千卡	8	冰淇淋 60 克	72 千卡
4	玉米片 10 克	39 千卡	9	柳　橙 10 克	3 千卡
5	橘子果子露 30 克	57 千卡	10	巧克力酱 5 克	28 千卡

水果圣代	333 千卡

蛋 类

蛋类能为人体提供六大营养素之一——蛋白质，它是生命的基础，身体各个器官及组织的组成都需要蛋白质。蛋类还能为人体提供另外一些重要的维生素和矿物质，如视黄醇（维生素A）和核黄素（维生素B_2）的含量较为丰富。此外，蛋类还含有维生素D、维生素B_1和铁、磷、钙等。所以说蛋类是一种很好的营养食品，价格又低廉，堪称物美价廉的食品。然而值得注意的是，蛋类含胆固醇的量相当高，所以适量食用为好。对于患有心血管系统疾病的人，则应酌情减量。

1

鸡蛋　50克　80千卡

2

鹌鹑蛋　12克　17千卡

3

鸡蛋清　32克　15千卡

4

鸡蛋黄 18克 65千卡

5

熏制蛋 44克 66千卡

6

水煮蛋 41克 66千卡

7

鸡蛋豆腐 110克 65千卡

8

皮蛋 64克 137千卡

9

咸蛋 55克 98千卡

豆制品类

日本人吃的豆制品是美国人的30倍，在日本乳腺癌、前列腺癌发病率只有美国的1/5，并且日本男性是世界上前列腺癌死亡率最低的。大量的研究结果表明，豆制品是最好的抗衰老、防痴呆、抗癌食物。

豆制品中的大豆蛋白是惟一能替代动物蛋白的植物性食品。其中丰富的维生素、钙、雌激素、异黄酮，对预防乳腺癌、子宫内膜癌、卵巢癌及前列腺癌的生长都有很好的作用。所以每天喝两杯豆浆，能延迟女性细胞衰老，并为女性提供最强有力最天然的胸部保护。每周吃四次豆制品可以让你患心脏病的风险比每周一次不吃的人要低22%，所以说低热量、高营养的豆制品，是真正的健康美丽食品。

1

北豆腐　100克　77千卡

2

嫩豆腐　100克　58千卡

3

冻豆腐　16克　85千卡

4

豆腐渣　50克　45千卡

5

豆腐干　50克　76千卡

6

豆腐皮　10克　51千卡

7

煮黑豆　30克　68千卡

8

煮红豆　30克　65千卡

9

生毛豆　55克　80千卡

10

煮毛豆　60克　80千卡

油炸类

酥脆香口的油炸类食品是许多朋友的最爱，但从健康营养的角度来看，高热量、高油脂的油炸食品却是十足的“健康杀手”！

长期食用或过量食用油炸食品极易引发肥胖和其他病症包括癌症的发生，所以减少摄入量是明智之举，但聪明的主妇可以通过改变烹调方法来降低油炸食品的热量，从而减少对人体的损害，比如：改动物油为植物油、改一般植物油为橄榄油、改沾裹淀粉为不沾裹淀粉、油炸后摊放在吸油纸上吸干油脂等。

1

炸虾 25克 33千卡

2

法式炸薯条 100克 130千卡

3

炸鸡块（沾淀粉）25克 58千卡

4

炸鸡腿 1只 257千卡

5

炸猪排　100克　450千卡

6

炸春卷　56克　139千卡

7

油炸饺子　1只　48千卡

8

葱油饼　1张　450千卡

9

炸鸡翅　1只　138千卡

Tips:

如果比较一下这个标准，你可能会对油炸类食物有所拒绝，每1千克油炸薯条中至少含有500毫克的丙烯酰胺（一种致癌物质），而每1千克炸薯片中丙烯酰胺的含量达到1480毫克，是安全标准的2960倍。

烧烤类

时尚而美味的“BBQ”已经成为都市男女的最爱。“BBQ”源于韩、日，原意是指室外烧烤，但现在一般用于烧烤的统称。因为它氛围轻松、形式自由、美味十足，还带有几分“DIY”色彩，所以经常被时尚一族用于社交派对。殊不知烧烤类食物因为直接接触炭火，或因掌握不好火候而烤焦，这些都极易在食物内生成致癌物质，不宜经常食用。现今很多韩式餐厅内开始流行完全隔火烧烤，一来避免食物直接接触炭火，二来可以有效地逼出食物里的油分，从而降低热量，是既时尚又健康的吃法。另外，孜然、辣椒粉、各式酱类，这些惹味的“烧烤伴侣”都是高热量的东东哟，美眉们在馋虫大动时要小心了！

1

烤牛肉　100 克　161 千卡

2

烤猪肉　100 克　158 千卡

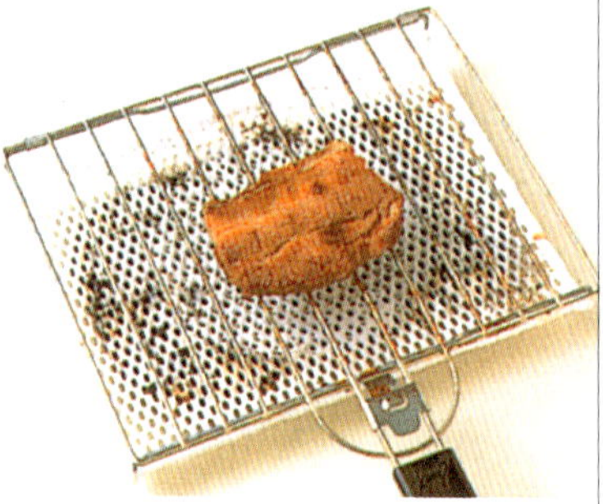

1	肉串 30 克	68 千卡	6	鸡翅 60 克	84 千卡
2	鱿鱼葱串 45 克	40 千卡	7	鸡皮 20 克	91 千卡
3	芦笋 45 克	63 千卡	8	鸡肝 35 克	42 千卡
4	紫苏卷 35 克	36 千卡	9	鸡胗 25 克	28 千卡
5	烤鱼饼 40 克	80 千卡	10	鸡肠 20 克	55 千卡

串　烧	587 千卡

乳制品类

乳制品因其丰富的营养而深受人们的喜爱，美丽的埃及艳后每天都要在柔滑的牛奶中泡浴。牛奶是一种常见而且营养价值很高的饮品，老少皆宜。牛奶蛋白质中赖氨酸含量较高，胆固醇含量低，碳水化合物全部为乳糖，在肠道中可以转化成乳酸，有抑制腐败菌生长的作用，促进营养物质在消化道中的吸收。但是乳制品中卡路里含量普遍都较高，所以，要有计划的摄入才是科学的。

1

奶油 8克 60千卡

2

普通牛奶 210克 132千卡

3

低脂牛奶 210克 107千卡

4

脱脂牛奶　210 克　71 千卡

5

强化钙质牛奶 210 克　107 千卡

6

乳酸菌饮料 100 克　56 千卡

7

无糖酸奶　100 克　60 千卡

8

加糖酸奶　95 克　72 千卡

9

脂肪酸奶　100 克　57 千卡

10

草莓酸奶 100 克 86 千卡

11

脱脂奶粉 6 克 22 千卡

12

酸奶 15 克 58 千卡

13

无糖炼乳 17 克 24 千卡

14

荷兰乳酪 25 克 89 千卡

15

天然干酪 25 克 85 千卡

16

乳酪片 17 克 58 千卡

17

加糖炼乳 21 克 69 千卡

18

低脂乳酪片 19 克 50 千卡

零食类

不知道有多少美眉一次又一次地抗拒不了零食的诱惑而放弃了减肥计划。躺在家里那张柔软的大沙发上边吃零食边看韩剧，那滋味真是美煞人。让我们来看看美味的零食里都含了些什么东东吧：高热量（如炸薯片等）、高糖（饼干、糖果类）、高脂肪（冰淇淋类与果仁类）、色素、香料剂、防腐剂等等。

当我们吃下一小包炸薯条以后意味着也许要在跑步机上大汗淋漓半小时才能消耗这一小包薯条带来的热量！否则这些多余的热量就会很快转化为脂肪进而变成你身上的小肚腩、肥屁屁、双下巴、粗象腿……

1

冰淇淋 20克 26千卡

2

果冻 130克 108千卡

3

咸味土豆片 25克 139千卡

4

蒜味土豆片　25 克　142 千卡

5

咸味薯条　25 克　123 千卡

6

爆米花　13 克　63 千卡

7

膨化玉米条　20 克　106 千卡

8

玉米饼干　16 克　83 千卡

9

玉米片　25 克　126 千卡

10

苏打饼　20 克　88 千卡

11

油盐苏打饼　20 克　100 千卡

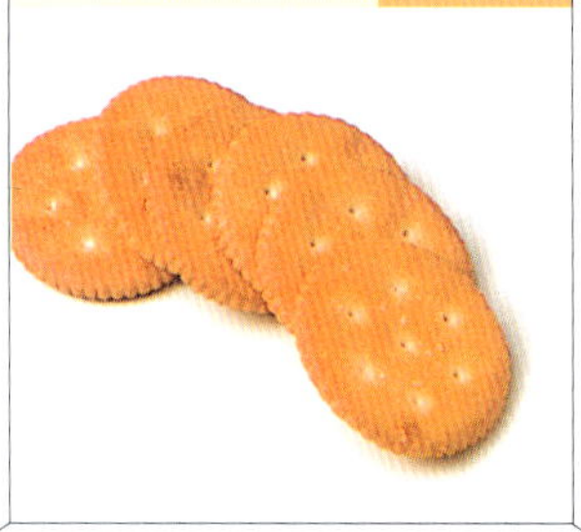

12

巧克力饼干　12 克　59 千卡

13

奶酥饼　8克　39千卡

14

巧克力夹心饼干 11克　51千卡

15

巧克力豆饼　8克　40千卡

16

奶油苏打夹心饼干 8克　42千卡

17

硬饼干　7克　32千卡

18

威化饼干　3克　15千卡

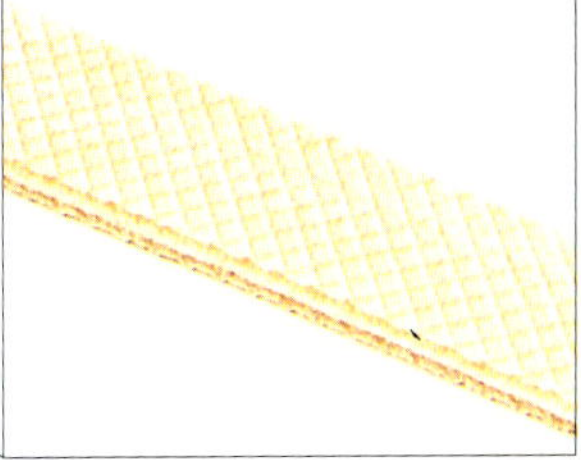

19

千层派　8克　45千卡

20

巧克力派　35克　170千卡

21

油酥饼　28克　130千卡

22

巧克力 10克 55千卡

23

果仁夹心巧克力 10克 52千卡

24

杏仁巧克力 5克 28千卡

25

牛奶糖 5克 21千卡

26

巧克力棒 22克 114千卡

27

糖果 10克 39千卡

28

棉花糖 10克 59千卡

29

片状口香糖 6克 18千卡

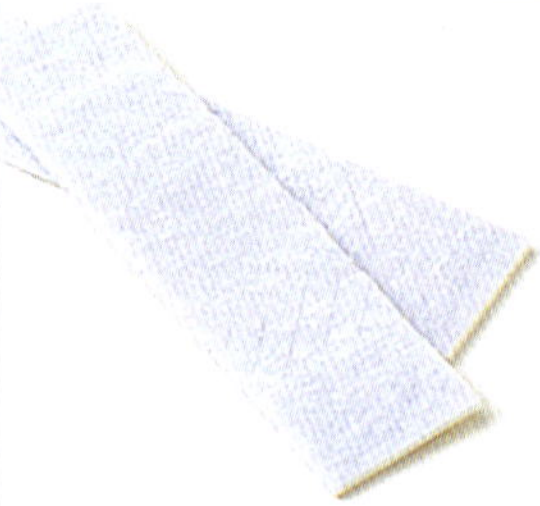

30

粒状口香糖 4克 12千卡

31

连壳花生 20克 | 84千卡

32

去壳花生 20克 | 117千卡

33

奶油花生 20克 | 118千卡

34

杏仁果 20克 | 122千卡

35

腰果 20克 | 114千卡

36

榛果 20克 | 144千卡

37

开心果 20克 | 127千卡

38

松子 20克 | 127千卡

39

南瓜子 20克 | 115千卡

40
咸豌豆 20克 84千卡

41
牛肉干 20克 66千卡

42
香蕉干 20克 57千卡

43
葡萄干 20克 63千卡

44
黑枣干 40克 95千卡

45
糖炒栗子 33克 80千卡

46
胡桃 12克 80千卡

47
银杏 47克 80千卡

48
葵瓜子 100克 545千卡

49

玉米片 60克 221千卡

50

牛奶玉米片 355克 345千卡

51

糙米片 40克 146千卡

52

燕麦片 115克 384千卡

Tips:

选择零食的几项原则：

1. 选择低脂肪与低胆固醇的零食；
2. 选择低糖份的零食；
3. 选择低热量的零食；
4. 选择含有高纤维的零食；
5. 在选择零食时应该看清标签；
6. 选择未经过度加工的零食。

饮品类

水是维持生命最基本的物质。各式饮品不但为人体补充维持生命活力所必需的水分，还含有不同的维生素和矿物质，具有不同的养生功效。随着健康已成为最炫的时尚，碳酸饮品、咖啡因饮品、酒精类饮品正日渐淡出人们的健康食谱，蔬果汁、花芊菜、矿泉水甚至白开水成为健康新宠。但蔬果汁因糖分高，应该适度地摄入，花芊菜与绿菜在美味的同时又情调十足，并且其健康的功能又使之成为现今在都市中大热的瑜伽运动的最佳饮品。

什么饮品最适合你，这可不是一个简单的问题哟！

1

可乐　210克　90千卡

2

低卡可乐　210克　25千卡

3

碳酸饮料果汁　210克　103千卡

4

汤尼汽水　210克　71千卡

5

运动饮料 210 克

54 千卡

6

天然橘子汁

(100%)210 克

84 千卡

7

天然葡萄柚汁

(100%)210 克

78千卡

8

天然苹果汁

(100%)210 克

92千卡

9

天然番茄汁

210 克

36千卡

10

天然胡萝卜汁

210 克

59 千卡

11

黄绿色蔬菜汁 210 克 69 千卡

12

纯咖啡 150 克 0 千卡

13

咖啡・奶精 155 克 11 千卡

14

咖啡・砂糖 154 克 15 千卡

15

咖啡・砂糖・奶精 159 克 26 千卡

16

咖啡牛奶 157 克 48千卡

17

可可 166 克 121千卡

18

纯红茶 150 克 0千卡

19

红茶・砂糖 154 克 15 千卡

20

红茶·奶精　155 克　11 千卡

21

红茶·砂糖·奶精　159 克　26 千卡

22

红茶·砂糖·柠檬　159 克　21 千卡

23

奶茶　162 克　110 千卡

24

绿茶　250 克　0 千卡

25

纯橙汁　210 克（1 杯）　95 千卡

26

椰子汁　180毫升　40 千卡

27

啤酒　352 克　137 千卡

28

黑啤　354 克　163 千卡

29

低酒精啤酒 350 克 81 千卡

30

无酒精啤酒 350克 70 千卡

31

白葡萄酒 100克 75 千卡

32

白葡萄酒 750 克 563 千卡

33

红葡萄酒 100 克 95 千卡

34

红葡萄酒 750 克 713 千卡

35

威士忌 28 克 70 千卡

36

白兰地 28 克 70 千卡

37

伏特加 29 克 67千卡

38

绍兴酒 30克 37千卡

39

清酒 180克 194千卡

40

烧酒 194克 274千卡

41

青梅酒 48克+（梅5颗） 71千卡

42

江米酒 194克 74千卡

43

豆浆 200克 42千卡

44

枸杞 100克 44千卡

45

花草茶 100克 5千卡

Tips:

茶是世界三大饮品之一，受众多人的喜爱，但并不适合以下人群饮用：

1. 儿童不宜饮茶；
2. 神经衰弱者不宜饮茶；
3. 便秘者不宜饮茶；
4. 怀孕中的妈妈不能饮茶。

蔬菜类

人们常说，食不可无绿。绿色的蔬菜已是人类餐桌上一道必不可少的风景线，富含天然叶绿素、维生素及各类膳食纤维，它可以帮助我们的身体免受感染、防止衰老、预防动脉硬化、提高抵抗力。蔬菜的热量值都比较低，是理想的瘦身减肥食品。所以，在日常的饮食中，不妨多吃一些。

1

菠菜 100克 22千卡

2

胡萝卜 100克 38千卡

3

西兰花 100克 30千卡

4

生菜 100克 24千卡

5

番茄 100克 19千卡

6

青椒 100克 23千卡

7

白萝卜 100克 16千卡

8

红椒 100克 23千卡

9

黄瓜 100克 18千卡

10

茄子 100克 26千卡

11

莴笋　100克　14千卡

12

卷心菜　100克　31千卡

13

洋葱　100克　39千卡

14

南瓜　100克　22千卡

15

莲藕　100克　84千卡

16

牛蒡　100克　76千卡

17

玉米　100克　65千卡

18

青豆　100克　389千卡

19

土豆　100克　88千卡

20

芋头　100克　79千卡

21

油菜　100克　12千卡

22

芹菜　100克　13千卡

23

韭菜　100克　32千卡

24

芦笋　100克　18千卡

25

魔芋　100克　7千卡

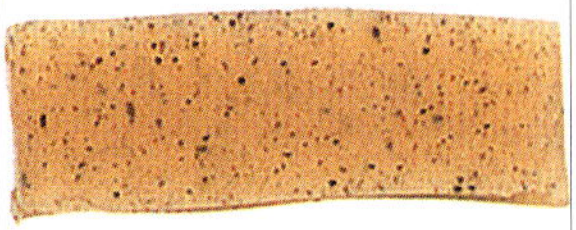

26

四季豆　100克　32千卡

27

茼蒿　100克　21千卡

28

大葱　100克　30千卡

29

韭菜花 100克 16 千卡

30

苦瓜 100 克 18 千卡

31

西葫芦 100克 15 千卡

32

紫甘蓝 100克 16 千卡

33

韭黄 100 克 15 千卡

34

菜花 100 克 24 千卡

35

绿豆芽 100克 19 千卡

36

黄椒 100克 18 千卡

37

竹笋 100 克 40 千卡

38

香菇 100 克 20 千卡

39

平菇 100 克 18 千卡

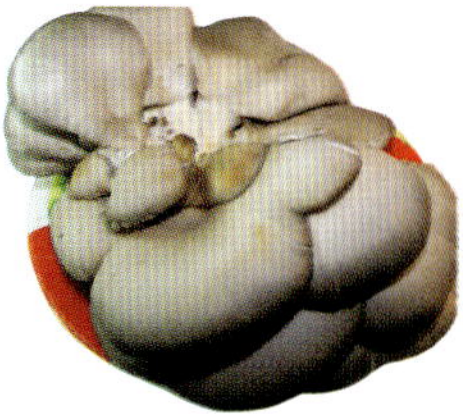

40

金针菇 100 克 22 千卡

41

蕨菜 100 克 25 千卡

42

茭白 100 克 14 千卡

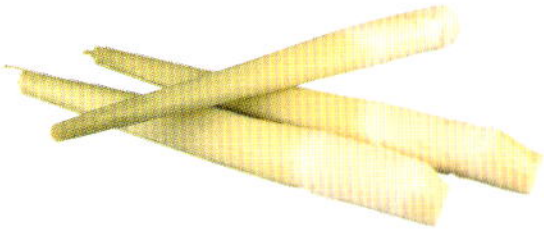

43

空心菜 100 克 20 千卡

44

冬瓜 100克 7 千卡

45

荸荠 100克 59 千卡

46

豇豆 100克 27 千卡

47
木耳 100克 200千卡

48
银耳 100克 20千卡

49
丝瓜 100克 20千卡

50
香菜 100克 11千卡

51
莲子 100克 344千卡

52
豌豆 100克 108千卡

53
大白菜 100克 10千卡

54
小白菜 100克 15千卡

55
蒜苔 100克 33千卡

56

山药 100克 64千卡

57

韩国泡菜 44克 8千卡

58

油麦菜 100克 15千卡

59

盐渍白菜 40克 8千卡

60

腌白萝卜 40克 32千卡

61

腌嫩姜 40克 16千卡

62

腌黄瓜 40克 8千卡

63

腌黄萝卜 40克 16千卡

64

榨菜 40克 16千卡

肉 类

肉类泛指（猪、牛、羊、兔等）动物性食品，有很高的营养价值，在人类的膳食中占有重要的地位。肉类给人体提供优质蛋白质，每100克瘦肉中蛋白质的含量为12～35克；除此之外，肉类是机体预防缺铁性贫血的有效营养源。但是，并不是肉吃得越多就对身体越有益，因为肉类食品中的脂肪含量都比较高，长期大量地摄入会导致肥胖症的发生。

1

牛肉末　50克　147千卡

2

带脂牛里脊肉　80克　190千卡

3

带脂牛腰肉　150克　148千卡

4

去脂牛腩　80克　134千卡

5

带脂牛大腿肉　100克　148千卡

6

牛舌　90克　242千卡

7

牛肝　100 克　132 千卡

8

带脂猪里脊肉 150 克　471 千卡

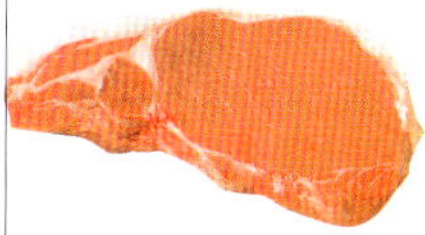

9

五花肉　60 克　250 千卡

10

带脂猪大腿肉 100 克　250 千卡

11

猪排骨　150 克　396 千卡

12

猪腰　135 克　154 千卡

13

猪肝　100克　117 千卡

14

猪血　100克　32 千卡

15

猪肉末　50克　132千卡

16

综合肉末（猪肉7%、牛肉30%）　50克　140千卡

17

连皮鸡腿肉　210克　443千卡

18

去皮鸡腿肉　200克　292千卡

19

连皮鸡胸　230克　467千卡

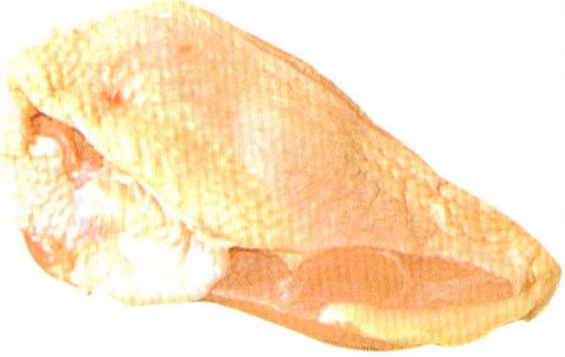

20

去皮鸡胸　190克　228千卡

21

二节鸡翅 70克 99千卡

22

鸡翅根 50克 66千卡

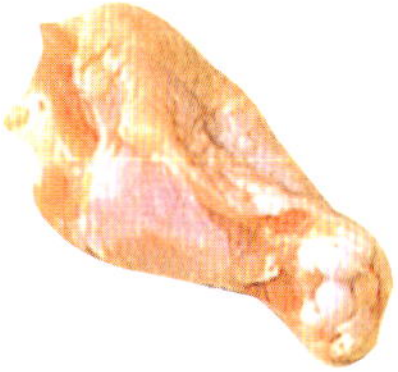

23

鸡胗 35克 33千卡

24

鸡胸肉末 50克 102千卡

25

鸡肝 50克 56千卡

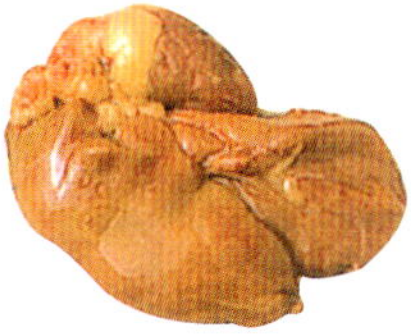

26

鸭肉 160克 200千卡

27

羊肉薄片 150克 341千卡

28

羊小排 50克 86千卡

29

生鲜火腿肉 20克 52千卡

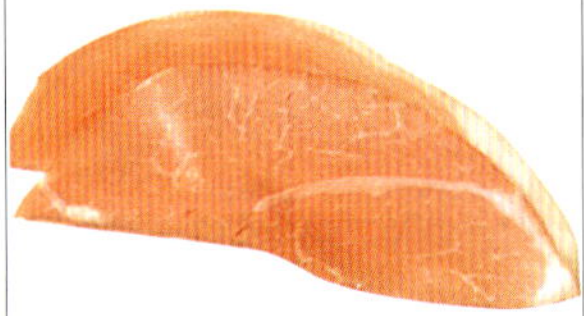

30

香肠 50克 152千卡

31

兔肉 100克 77千卡

32

狗肉 100克 114千卡

33

鹅肉 100克 221千卡

34

鸽子肉 100克 226千卡

35

猪蹄 100克 99千卡

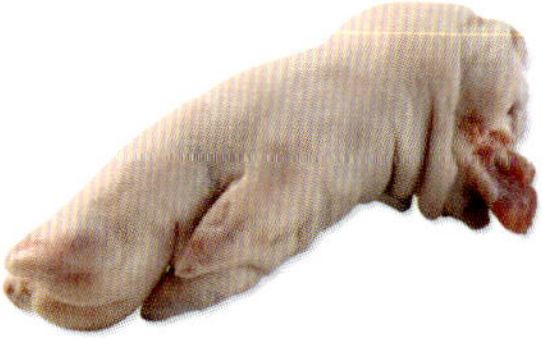

36

牛蛙 100克 79千卡

37

蜗牛 100克 80千卡

Tips:

吃肉皮，补骨头

肉皮是一种营养丰富的高蛋白食品。据测，每100克猪肉皮中含蛋白质26.4克，其中85%的蛋白质是以胶原（一种纤维状的蛋白质）形态存在，而这种胶原正是骨头的主要成分。此外，皮肤的"基层"（真皮层）也主要是由胶原组成的，所以，吃肉皮对皮肤也有好处。

水果类

在家庭饮食结构中，对水果的需求量越来越大，饮食安排以"五果为助"，这是生活水平由温饱型向小康型转变的一个重要标志，水果中富含的维生素、膳食纤维、果胶和矿物质，这些物质可以调节人体内代谢，预防疾病，对人体健康非常有益。很多人认为，只食用水果而不吃饭也可以达到减肥的目的，其实不然，每种水果中所含有的热量和糖分不尽相同，进食大量的高热量和高糖分的水果，也会与吃过量的饭一样令人致肥，所以，以进食水果为瘦身的正确方法，是应该先计算每餐水果所提供的卡路里总含量，只有不超过每天所需要的热量总和，才能有效地减肥，从而达到塑身的目的。

1

香蕉 100克 89千卡

2

酪梨 100克 133千卡

3

芒果 100克 32千卡

4

木瓜 100克 27千卡

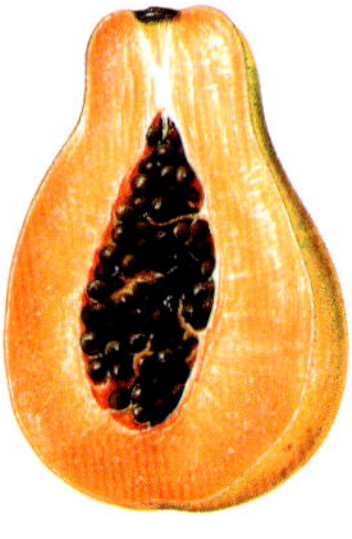

5

蜜桃 100 克 45 千卡

6

葡萄 100 克 4 千卡

7

葡萄柚 100 克 41 千卡

8

脐橙 100 克 47 千卡

9

梨 100克 45 千卡

10

无花果 100 克 58千卡

11

枇杷 100克 39 千卡

12

香瓜 100 克 27 千卡

13

哈密瓜　100 克　34 千卡

14

李子　100 克　27 千卡

15

国产樱桃　150克　75 千卡

16

美国樱桃 100 克　80千卡

17

苹果　100 克　57 千卡

18

猕猴桃　100 克　48 千卡

19

菠萝　100 克　37 千卡

20

柿子　100克　76 千卡

21

柿饼　100 克　250 千卡

22

杏 100克 36千卡

23

杨桃 100克 55千卡

24

红枣 100克 139千卡

25

荔枝 100克 61千卡

26

龙眼 100克 59千卡

27

橘子 100克 45千卡

28

山楂 100克 95卡

29

椰子 100克 231千卡

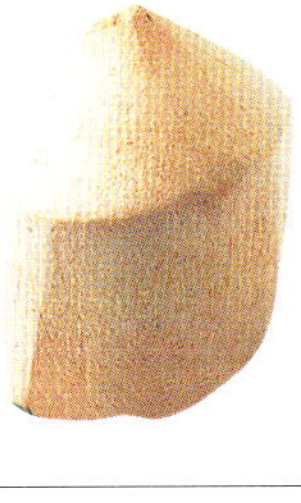

30

柠檬 100克 35千卡

31

榴莲　100克　147 千卡

32

杨梅　100克　22 千卡

33

西瓜　100 克　34 千卡

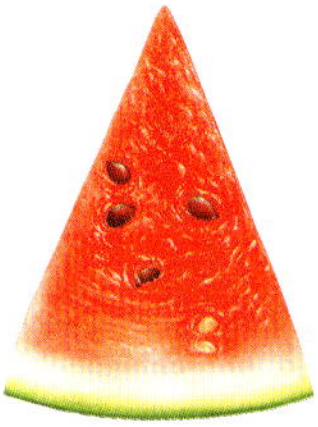

34

石榴　100 克　63 千卡

35

草莓　100克　25 千卡

36

百合　100 克　162 千卡

37

提子　100 克　43 千卡

Tips:

水果中含丰富的胡萝卜素，维生素A、维生素B、维生素C、维生素E及矿物质，有助于保护细胞健康，增强抵抗力，预防病菌入侵，还能预防便秘，并有助于减少患上大肠癌的机会，常吃水果对人体健康有很大帮助。

水产类

低脂肪的鱼类可能会让你想大吃大喝，但是，鱼的吃法有很多种，不同的鱼肉做法其中所含的热量值都不一样，对比一下水煮鱼和萝卜丝鲫鱼汤你就知道了。

“吃四条腿的不如吃两条腿的，吃两条腿的不如吃一条腿的”。所谓“一条腿”指的就是鱼类。健康专家提倡多吃鱼，是因为鱼类含有较高的蛋白质和较低的脂肪，鱼肉肉质细腻，容易消化吸收。可以这么说吧：吃鱼的女士更漂亮，吃鱼的先生更健康，吃鱼的孩子更聪明！

1

沙丁鱼　100 克　141 千卡

2

梭鱼　170 克　129 千卡

3

秋刀鱼　150 克　235 千卡

4

红鳟鱼　190 克　185 千卡

5

鲑鱼　120 克　200 千卡

6

带鱼　80 克　106 千卡

7

鳕鱼　100 克　70 千卡

8

平鱼　140 克　216 千卡

9

鲕鱼　120 克　308 千卡

10

蛤蜊　230 克　41 千卡

11

蚬 60克 6千卡

12

扇贝 150克 41千卡

13

墨鱼 150克 86千卡

14

章鱼 120克 56千卡

15

虾 140克 57千卡

16

蟹腿 90克 41千卡

17

青花鱼 100克 19千卡

18

虾仁 100克 73千卡

19

鲷鱼 300克 134千卡

20

银鳕鱼　120克　265千卡

21

毛蟹（烫热）100克　80千卡

22

鲍鱼　100克　73千卡

23

牡蛎　100克　76千卡

24

蟹棒　100克　106千卡

25

鱼丸　100克　106千卡

26

海带　100克　16千卡

27

紫菜　100克　216千卡

28

鲤鱼　100克　141千卡

29

草鱼　100 克　117 千卡

30

鲫鱼　100 克　91 千卡

31

鲢鱼　100 克　108 千卡

32

鳜鱼　100 克　102 千卡

33

鲈鱼　100 克　94 千卡

34

鲶鱼　100 克　90 千卡

35

旗鱼　100 克　102 千卡

36

大黄花鱼　100 克　92 千卡

37

三文鱼　100 克　130 千卡

38

鳗鱼 100克 114千卡

39

螺 100克 60千卡

40

鳝鱼 100克 109千卡

41

鱿鱼 100克 283千卡

42

海参 100克 283千卡

43

海胆 55克 80千卡

44

罗非鱼 100克 98千卡

45

武昌鱼 100克 135千卡

46

龙虾 100克 120千卡

五谷杂粮类

日子好了，吃腻了大鱼大肉，白米饭就显得过于平常，于是越来越多的都市男女开始喜欢上了丰富多样的五谷杂粮，原来，粗茶淡饭也是一种健康享受啊！

当然，喜欢五谷杂粮也是有一定道理的，其中所含的丰富营养素，是人体必不可少的，粗粮中的膳食纤维虽然不易被人体吸收，但是有利于通肠化气，清理身体里的废物，促进食物的残渣尽早排出体外，随着“排毒”理念的风行，五谷杂粮也成为首选的健康绿色食品。

1

黄豆　100克　391千卡

2

大米　100克　340千卡

3

小米　100克　343千卡

4

黑米　100克　339千卡

5

小麦　100克　310千卡

6

红薯　100克　112千卡

7

红豆 100克 311千卡

8

蚕豆 100克 345千卡

9

糙米 100克 310千卡

10

糯米 100克 354千卡

11

栗子 100克 372千卡

12

薏米 100克 372千卡

13

绿豆 100克 328千卡

Tips:

这些东西都是人体必不可少的维生素与矿物质的优质来源。

五谷杂粮，不仅有果腹之效，还有相当多的养生作用，可降低体内的胆固醇，增强胃功能，促进消化。

各式快餐

工作繁忙得连吃饭都没时间，可能很多人会遇到这样的情况，于是，快捷方便兼价廉的快餐成了上班一族不错的选择，但是，快餐的热量却是高得惊人。

麻婆豆腐套餐 614千卡

1	白饭 200 克	296千卡	4	汤料 150 克	10 千卡
2	麻婆豆腐. 豆腐150克	115千卡	5	汤汁 180 克	10 千卡
3	麻婆豆腐. 肉馅 20 克	176千卡	6	榨菜 20 克	7 千卡

1	白饭 250 克	370 千卡	5	黄绿色蔬菜 23 克	7 千卡
2	猪大腿肉 30 克	75 千卡	6	淡绿色蔬菜 50 克	9 千卡
3	鹌鹑蛋 9 克	16 千卡	7	其他材料 90 克	176 千卡
4	鱼贝类 50 克	41 千卡			

海鲜烩饭	694 千卡

1	小餐包 60 克	167千卡	8	汤 15 克	167千卡
2	奶油 10 克	75 千卡	9	莴笋 15 克	2 千卡
3	牛里脊 100 克	238千卡	10	西红柿 50 克	8 千卡
4	土豆 30 克	23 千卡	11	玉米 20 克	32 千卡
5	青豆仁 2 克	8 千卡	12	白芦笋 45 克	9 千卡
6	胡萝卜 50 克	19 千卡	13	小黄瓜 10 克	2 千卡
7	菜豆 10 克	2 千卡	14	千岛酱 14 克	65 千卡

炖牛肉套餐 817 千卡

1	意大利面 250 克	373千卡	4	蛤蜊 63 克	12 千卡
2	虾子 45 克	42 千卡	5	蔬菜调料 45 克	163千卡
3	乌贼 50 克	38 千卡			

意大利海鲜面	628 千卡

1	匹萨饼皮 150 克	422 千卡	6	玉米 10 克	6 千卡
2	意大利香肠 20 克	59 千卡	7	肉丸 10 克	24 千卡
3	青椒 10 克	2 千卡	8	乳酪 100 克	429 千卡
4	维也纳香肠 18 克	55 千卡	9	其他材料 120 克	115 千卡
5	培根 20 克	85 千卡			

匹萨饼	1197 千卡

1	汉堡包 55 克	145千卡	5	番茄酱 10 克	12 千卡
2	乳酪 20 克	68 千卡	6	薯条 75 克	185千卡
3	猪肉排 35 克	78 千卡	7	可乐 280 克	123千卡
4	酸黄瓜 7 克	7 千卡			

美式汉堡猪排套餐 618 千卡

1	意大利面 250 克	373千卡	3	调味料	127千卡
2	牛肉 70 克	205千卡	4	配料 70 克	59 千卡

意式肉酱面	764 千卡

1	汉堡包 55 克	145 千卡	7	番茄 20 克	3 千卡
2	乳酪 15 克	51 千卡	8	青椒 10 克	0 千卡
3	鱼排 50 克	226 千卡	9	莴笋 50 克	7 千卡
4	芥末酱 10 克	60 千卡	10	调味酱 18 克	72 千卡
5	玉米 20 克	19 千卡	11	冰咖啡 190 克	13 千卡
6	洋葱 4 克	1 千卡			

美式鱼香堡套餐 599 千卡

日式料理

1	寿司 15 克	24 千卡	8	乌贼 9 克	7 千卡
2	鲑鱼 11 克	18 千卡	9	虾 10 克	11 千卡
3	鲔鱼 12 克	16 千卡	10	细卷寿司饭 10 克	16 千卡
4	日式烤蛋 44 克	60 千卡	11	细卷寿司内馅. 小黄瓜 9 克	1 千卡
5	鳗鱼 10 克	22 千卡	12	细卷寿司内馅. 鲔鱼 9 克	12 千卡
6	寿司饭 12 克	19 千卡	13	甜醋 5 克	2 千卡
7	鱼子 5 克	14 千卡	14	柠檬 10 克	1 千卡

日式寿司拼盘	223 千卡

1	鲔鱼肉 30 克	40 千卡	8	鱼子 5 克	14 千卡
2	章鱼 25 克	25 千卡	9	鲷鱼 15 克	17 千卡
3	鱼头刀 25 克	41 千卡	10	海带芽 20 克	6 千卡
4	带脂鲔鱼 35 克	113千卡	11	白萝卜 60 克	11 千卡
5	鲑鱼 30 克	50 千卡	12	青紫酥 5 克	2 千卡
6	甜虾 10 克	8 千卡	13	芥末 3 克	9 千卡
7	乌贼 20 克	15 千卡			

海鲜刺身拼盘 351 千卡

五大高卡日常主食

1

伊面 1份 506千卡

2

上海面 1份 357千卡

3

河粉 1份 203千卡

4

白饭 1份 296千卡

5

米粉 1份 124千卡

五大高卡调味料

1

熟食油 1匙 125 千卡

2

牛油 1匙 108 千卡

3

花生酱 1匙 93 千卡

4

芝士 1匙 75 千卡

5

沙拉酱 1匙 70 千卡

十大高卡果汁

果汁的热量值不高，这是一种错误的观念。你可知道制作一杯果汁往往要用上2～3个水果，所以喝一杯果汁会比吃一个水果吸收更多的热量，而果汁所含的纤维素却不及原个水果。不过，不是每种果汁的热量都高，只要懂得选择，喝果汁也是均衡饮食的一部分。

1

椰汁 （1杯）
250毫升
527千卡

2

猕猴桃汁 （1杯）
250毫升
216千卡

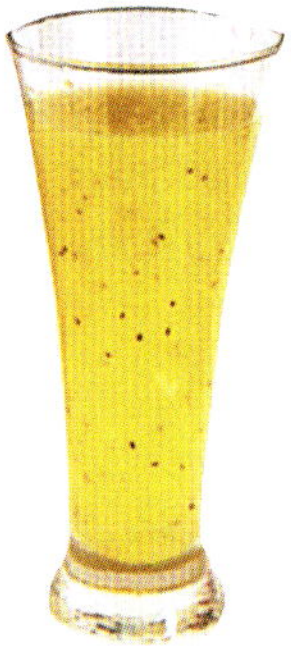

3

橙汁 （1杯）
250毫升
165千卡

4

苹果汁 （1杯）
250毫升
120千卡

5

西柚汁 （1 杯）
250 毫升
100 千卡

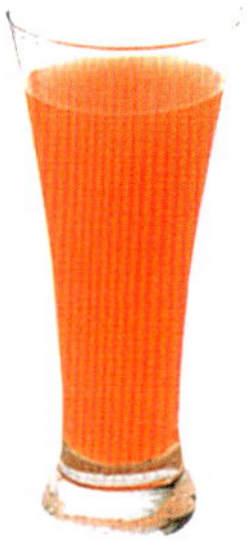

6

蜜瓜汁 （1 杯）
250 毫升
92 千卡

7

西瓜汁 （1 杯）
250 毫升
79 千卡

8

芒果鲜奶 （1 杯）
250 毫升
285 千卡

9

木瓜鲜奶 （1 杯）
250 毫升
250 千卡

10

香蕉鲜奶 （1 杯）
250 毫升
240 千卡

八种消暑饮品热量

日常饮食对于腰腹美形很关键。就饮品而言，最佳的饮品就是清水，因为其中不含热量，对于女性朋友来说饮水还可以清除经期前的肿胀感。另外常饮绿茶，不但减肥还能养颜，一举两得。适当地补充水分对于维护健康非常重要。专家提醒，饮品的选择是有讲究的，既要解渴，又要做到能补充身体必需的能量，才是合理的，科学的。

1

荔枝玉露 1杯 180千卡

2

珍珠奶茶 1杯 180千卡

3

烧仙草 1杯 150千卡

4

抹茶点子 1杯 180千卡

5

泡沫红茶 1杯 88千卡

6

蜂蜜绿茶 1杯 52千卡

7

茉香绿茶 1杯 47千卡

8

小麦草汁 1杯 约1千卡

九大高油食品陷阱

众所周知，家禽的皮及肉的油分含量很高，另外，有些食物看似没有油分，但含油量却很高，比如果仁类食品。常吃高油食品会导致身体内脂肪的堆积，而形成心血管病的主要原因之一就是脂肪，肥胖也和它是要好的朋友，如果你不想肥胖又不想得心血管疾病，最好是尽量少吃或是拒绝它。下面列出几种我们日常生活中常见的高油量食品。

1 牛油果

2 椰子

3 鱼皮

4 果仁类（花生、腰果、杏仁果等）

5

加工食品(香肠、腌肉、午餐肉)

6

猪 骨

7

内 脏

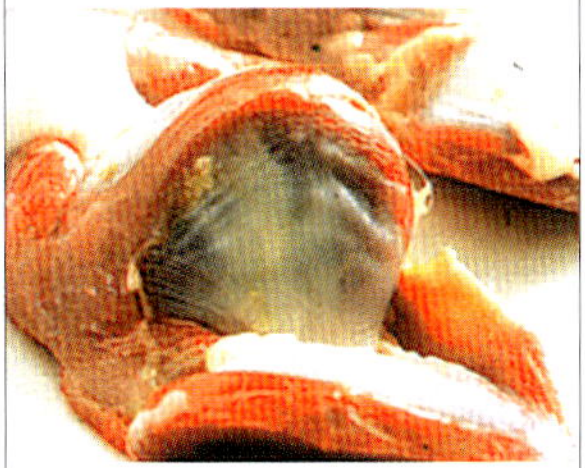

8

全脂奶品、饼干、蛋糕

9

肉丸或碎肉饺子

Tips:

因为常吃高油食物而摄入太多油，动脉会遭受低密度脂蛋白（LDL）阻塞，从而会伤害到脑部的循环。而且吃了高油的食物，也会制造大量的自由基，自由基与神经元接触，就会伤害神经元。

十大高卡致肥素食

现代流行的吃素绝不是独属于佛门居士行为，而是珍视生命的全新选择。

随便上网逛逛，关于素食的信息成千上万，纷纷介绍素食理念、素食生活方式并提供素食食谱。是不是只要是素食就有利于减肥呢，这显然是不正确的。下面列举一些高热量素食材料，让你正确地认知素食，谨慎地对待素食食谱。

1

炒花生 2小碟　580千卡

2

腐皮　3片　480千卡

3

生根　20个　480千卡

4

炸枝竹　3条　470千卡

5

油豆腐　1.5 件　400 千卡

6

粉丝　1 碗　350 千卡

7

豆卜　10 粒　316 千卡

8

芋头　1 个　135 千卡

9

红薯　1 个　123 千卡

10

土豆　1 个　80 千卡

十大致肥午餐

对于大多数正在减肥的上班族而言，繁忙地工作了一个上午之后，中午时间仅够匆忙充饥并稍作喘息，很少人会有足够的时间自备午餐，一般都会选择外出用餐的。在餐厅里能选择的美食众多，常常会让人有欲罢不能的感觉，从而导致减肥计划的失败。其实只要在外出用餐前多留意一下，就可以顺利地达到减肥目标，离开可怕的美食诱惑。

1

干炒牛河 1237 千卡

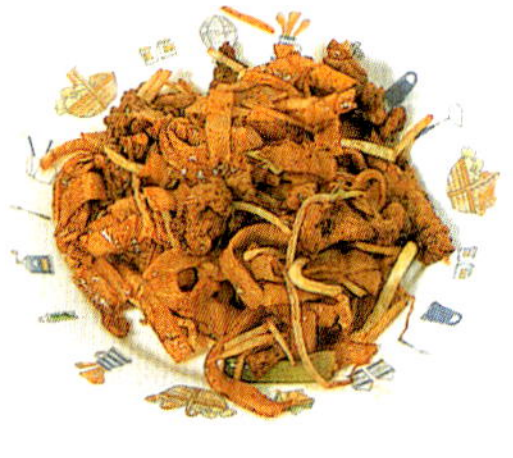

最高

2

猪扒炒公仔面 917 千卡

3

炸鸡翅米丝 906 千卡

4

双丸河粉 734 千卡

5

沙爹牛肉公仔面 605 千卡

6

半肥瘦叉烧饭 518 千卡

7

烧鹅汤粉 464 千卡

8

云吞面 400 千卡

9

杂果沙拉 356 千卡

10

吞拿鱼三明治 330 千卡

最低

十大挚爱零食

虽然零食可以解馋，但零食的热量含量相对比较高，是非常容易致肥的食品，这里推荐几种热量含量相对比较低的零食，让你甜嘴解馋。

1

威化饼（1包20块） 400千卡

2

芒果干（1包10块） 360千卡

3

魔芋果冻（1包10粒） 350千卡

4

薯片（1包） 300千卡

5

朱古力（1包10块） 270 千卡

6

饼干条（1包20条） 250千卡

7

棉花糖（1包10粒） 190千卡

8

小香肠（1条） 189千卡

9

话梅（1包10粒） 40千卡

10

海苔（1包约3克） 5千卡

最低

二十四种甜品热量

在一些大餐馆或西餐厅里最后上的美味常常就是甜品。那么怎样吃甜食呢，什么时候什么方法吃甜食比较科学呢？营养学家认为，上午十点左右和下午四点左右是食用甜品的最佳时间。此时间段适当品尝一点甜食，可以消除疲劳，调整心情，减轻压力。但是，如果你想使自己看起来很苗条，就只能“点”到为止，切记不可多食。而且过多的糖会刺激胰岛素分泌，易诱发糖尿病。

1

冰糖炖雪蛤　1碗　512千卡

2

芝麻汤圆　1碗　430千卡

3

绿茶奶黄汤圆　1碗　400千卡

4

马蹄露　1碗　375千卡

5

冰糖炖燕窝　1碗　351千卡

6

双皮奶　1碗　346千卡

7

炖奶　1碗　324千卡

8

芝麻糊　1碗　305千卡

9

鲜奶炖蛋　1碗　260千卡

10

莲子羹 1碗 260千卡

11

喳咋 1碗 240千卡

12

杂果西米捞 1碗 222千卡

13

杨枝金露 1碗 222千卡

14

杏仁糊 1碗 221千卡

15

花生糊 1碗 220千卡

16

核桃露 1碗 211千卡

17

白果腐竹鸡蛋糖水 1碗 211千卡

18

红薯糖水 1碗 210千卡

19

麦米粥 1碗 200千卡

20

红豆沙 1碗 180千卡

21

绿豆沙 1碗 180千卡

22

椰汁西米露 1碗 180千卡

23

椰汁紫米露 1碗 165千卡

24

豆腐花 1碗 150千卡

火锅热量一览表

你可知道吃火锅是有秘诀的哦，营养师提醒，吃火锅的正确步骤应该是“先喝汤，后加菜，再吃肉”，最重要就是还要吃些五谷杂粮类食物。

色香味俱全的火锅，常常会令你胃口大开，可知在火锅食品中，令你发胖的东西很多，应该有选择地吃才对.

1

带子 1粒　10千卡

2

中虾 1只　10千卡

3

生蚝　1只　12千卡

4

青口 1只　17千卡

5

瘦鸡肉 1片　20千卡

6

羊肉 1片　35千卡

7

鱼片　75 克　57 千卡

8

猪脊肉　1 片　72 千卡

9

鱿鱼 1 只（105 克）　80 千卡

10

蟹（拆肉）85 克　87 千卡

11

肥牛　1 片　94 千卡

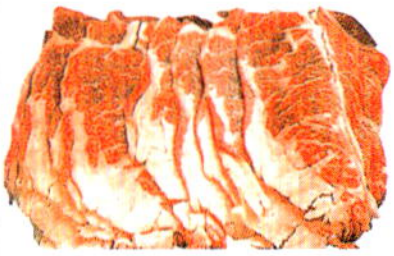

12

东风螺 100 克　106 千卡

13

魔芋丝　1 件　约 3 千卡

14

冬菇　1 只　3 千卡

15

萝卜 1片（约1寸厚） 5千卡

16

魔芋（约160克） 8千卡

17

金针菇 1包 11千卡

18

草菇 1盒 16千卡

19

黄牙白 500克 58千卡

20

油菜 500克 60千卡

21

圆白菜 500克 120千卡

22

玉米 1个 160千卡

23

唐生菜 500克 86千卡

24

菠菜 500克 110千卡

25

牛丸 1粒 16千卡

26

鱼蛋 1粒 17千卡

27

虾丸 1粒 23千卡

28

贡丸 1粒 49千卡

29

墨鱼丸 1粒 45千卡

30

蟹柳 1条 16千卡

31

鱼皮饺 1个 21千卡

32

生根 1粒 25千卡

33

火锅年糕 1片 29千卡

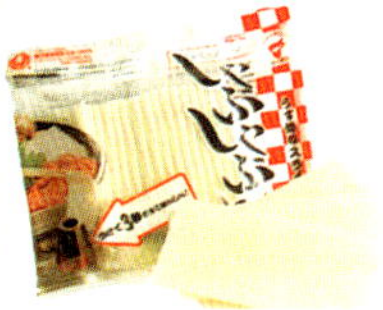

34

豆腐 1块 44千卡

35

炸豆泡 1粒 45千卡

36

云吞 1个 47千卡

37

狮子狗卷 1条 54千卡

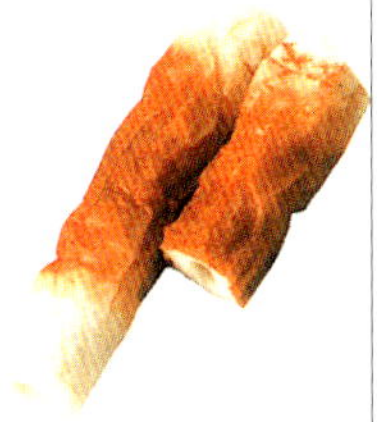

38

水饺 1个 71千卡

39

野菜炸豆腐半个 80千卡

40

粉丝 23克 80千卡

41

蜜糖鸡尾肠1条 96千卡

42

鸡肉肠1条 96千卡

43

乌冬面1碗（160克） 160千卡

44

腐竹100克 461千卡

45

麻辣汤1汤匙 125千卡

46

清鸡汤1盒（375毫升） 15千卡

47

鸡蛋1只 80千卡

48

酱油1汤匙 6千卡

49

豆瓣酱1汤匙 9千卡

50

山葵 1汤匙 45千卡

51

沙爹酱 1汤匙 88.5 千卡

52

芝麻酱1汤匙 120千卡

53

麻油 1汤匙 120千卡

54

辣椒油1汤匙 125千卡

火锅食品致肥陷阱

很多人在色香味俱全的火锅面前，总是会胃口大开，要想吃得味美可口，又想避开致肥陷阱，就要找出那些"致肥分子"。原来只要吃得有技巧，瘦身期间也可以吃火锅！火锅汤底是致肥的主因，像麻辣锅与沙爹锅，前者多油后者加了花生热量高，边吃边喝令脂肪渐渐增加；清汤较为健康可是味道太淡，想品尝美味而不肥腻的汤底？冬瓜锅底一定是首选，冬瓜汤不但可以清热气，还有助吸收火锅料的油分。

1

麻辣汤底　125 千卡

2

沙爹汤底　110 千卡

3

猪骨汤底　115 千卡

4

番茄鱼汤底　100 千卡

5

清汤底 85千卡

6

肥牛 1片 94千卡

7

猪里脊肉 1片 72千卡

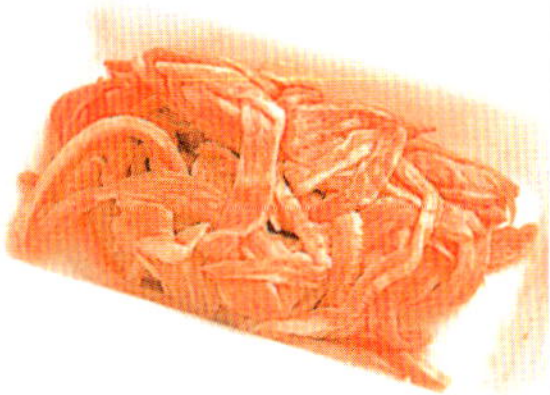

8

贡丸 1粒 49千卡

9

墨鱼丸 1粒 45千卡

10

生根 1粒 25千卡

11

萝卜 1片 5千卡

12

带子 1粒 10千卡

13

金针菇 1包 11千卡

14

豆腐 1块 51千卡

15

瘦鸡肉 1件 70千卡

Tips:

吃火锅禁忌

1. 忌在火锅停用一段时间后立即食用。
2. 忌生食。有些人吃火锅为了鲜嫩，不等肉菜熟就下肚，这样很不卫生。
3. 忌烫食。刚从火锅中取出鲜烫的食物，应稍凉一下再吃，以免烫伤食道。

烧烤派对热量全公开

烧烤的味道确实很吸引你的胃，其实烧烤原则上是不太健康的，由于肉类在高温下直接燃烧后与肉类之蛋白质结合，就会产生对人体有害的物质，故尽量减少将食物直接烧烤，或少吃烧烤。

1

烧鳗鱼（连汁）1块　80千卡

2

猪排（带肥）1块　314卡

3

鸡排（连皮）1块　201卡
鸡排（去皮）1块　143卡

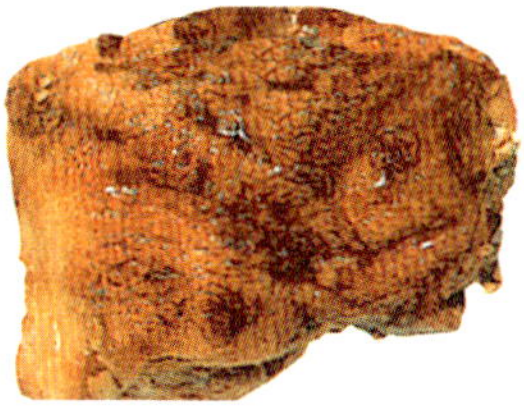

4

鸡中翅（大）1只　99千卡

5

鸡腿　1只　66千卡

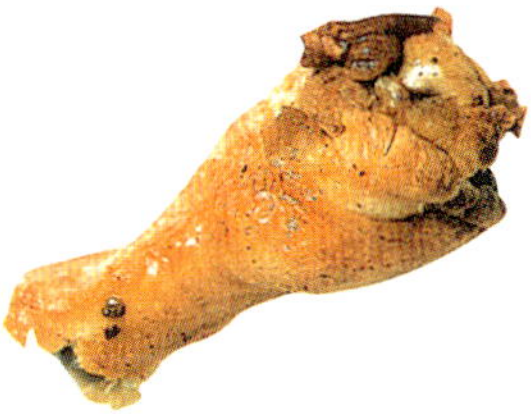

6

鸡翼（连尖）1只　180千卡

7

鸡腰 100克　107千卡

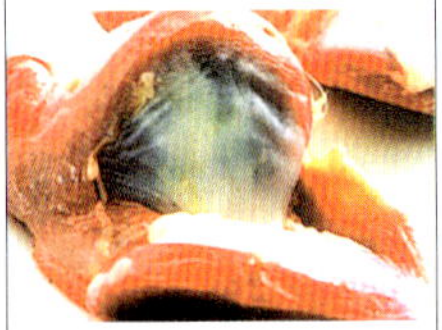

8

牛排 150克　354千卡

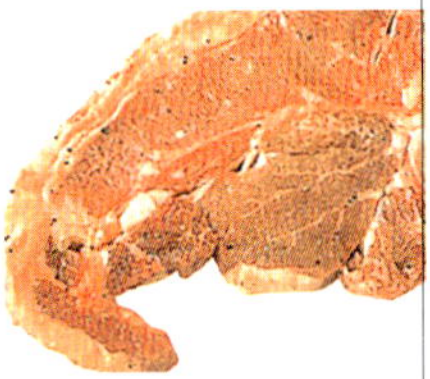

9

羊排 50克　86千卡

10

龙虾（拆肉）100克　97千卡

11

秋刀鱼 150克　235千卡

12

蟹（拆肉）85克　87千卡

13

虎虾 140克　57千卡

14

猪肉肠 1条　240千卡

15

蚬（小） 9只 63 千卡

16

鲜鲍鱼
100 克 61 千卡

17

猪肉肠 1 条
275 克 880 千卡

18

脆皮芝士肠
1 条 52.1 千卡

19

棉花糖 4 粒 107 千卡

20

烧年糕 50 克 116 千卡

21

速冻烧饭团
50 克 83 千卡

22

白方面包
（8 片装）1 包 117 千卡

23

菠萝 100克 | 37千卡

24

蜜糖 1茶匙 | 22千卡

25

蒜茸面包 1片10克 | 51千卡

26

雀巢柠檬茶 350毫升 | 35千卡

27

葡萄饮料 300毫升 | 216千卡

28

酸梅汤 1杯 | 190千卡

29

低糖参蜜绿茶 500毫升 | 183.3千卡

30

可乐 355毫升 | 150千卡

31

维他菊花茶 250毫升 | 120千卡

32

柠檬茶 250毫升 | 120千卡

33

维他奶 250毫升 | 120千卡

34

橙汁 1杯 | 108千卡

35

蔗汁 1杯 | 100千卡

36

夏枯草 330毫升 | 92千卡

37

菊花茶 250毫升 | 90千卡

38

Coke Light 355毫升 | 3.5千卡

39

维他 Light 菊花茶 50毫升 | 2千卡

40

无糖乌龙茶 500毫升 | 0千卡

41

芦笋 5支 | 20千卡

42

洋葱 1个 230克 | 80千卡

43

青椒 150克 | 35千卡

44

红椒 150克 | 35千卡

45

黄椒 197克 | 53千卡

46

芝士焗金菇+1片芝士 | 69千卡

47

红薯 100克 112千卡

48

玉米 1条 160千卡

49

牛肉丸 1粒 16千卡

50

墨鱼丸 1粒 45千卡

51

鱼肉丸 1粒 17千卡

52

虾丸 1粒 23千卡

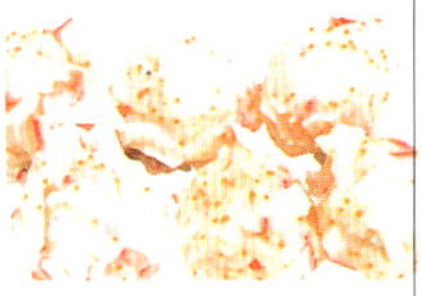

53

贡丸 1粒 49千卡

Tips:

啤酒莫与烧烤同食

含有多种人体必需的氨基酸和丰富的维生素的啤酒，清凉爽口，深受人们喜爱。但是，在吃烤肉串时喝啤酒，就不妥当。烟熏食品中含有机胺及因烹调而产生的多环芳烃、苯并芘和氨基酸衍生物。当饮酒过量而使血铅含量增高时，上述物质与其结合，可诱发消化道疾病甚至肿瘤。

家常菜热量全公开

中国人做菜一向讲究火候、喜欢以大火快炒、热油煎炸的方式烹饪，做出来的菜色既美丽又可口，但是炒和炸都需要大量的油来处理，这种烹饪方式很容易造成卡路里的大量屯积，吃进体内容易肥胖。因此建议以焖、煮、烫、蒸、卤、炖的方式制作菜肴，同时尽量少加人工调味料，而以香菇或高汤代替，一样也能享受美食和健康的效果。

1

上海炒面 1碗 763 千卡

2

雪菜肉丝炒年糕 1碗 600 千卡

3

炸排骨汤面 1碗 500 千卡

4

锅贴 1只 270 千卡

5

东坡肉 2块 180千卡

6

酸辣汤 1碗 155千卡

7

砂锅云吞鸡 1粒云吞+1件鸡连汤 150千卡

8

回锅肉 2汤匙 150千卡

9

鳝糊 2汤匙 145千卡

10

红烧狮子头 1球 135千卡

11

小笼包1件 120千卡

12

葱油饼 1/4个 108千卡

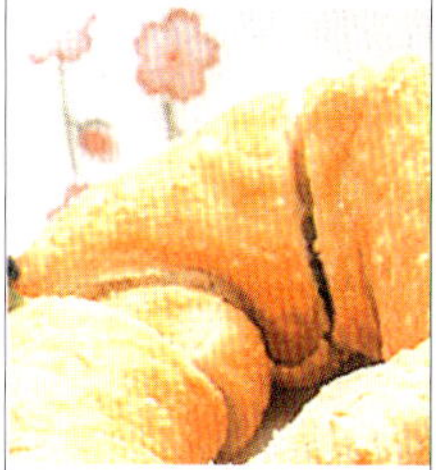

13

豆沙锅饼 1件 87千卡

14

赛螃蟹 2汤匙 87千卡

15

麻酱粉皮半碗 85千卡

16

红油抄手1粒 78千卡

17

炸银丝卷 1/4条 60千卡

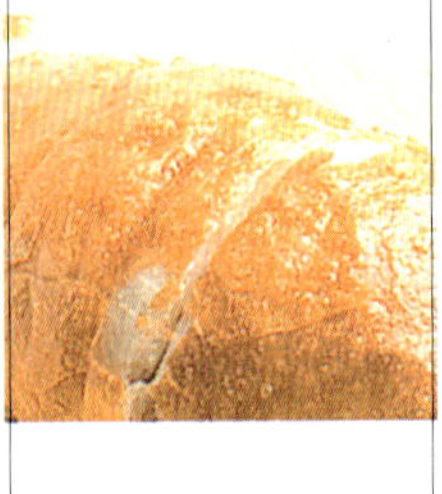

18

蚂蚁上树半碗 57千卡

19

醉鸡1件 55千卡

20

火腿白菜半碗 20千卡

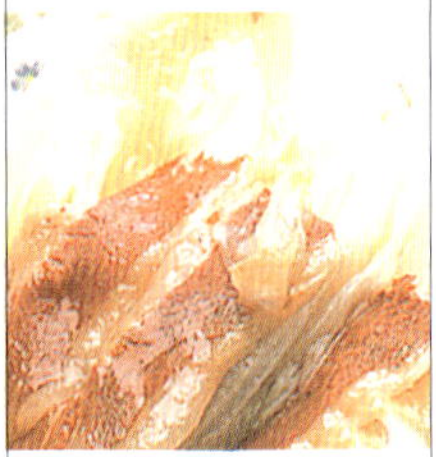

低卡高汤自己做

变高卡为低卡的高汤

1

肉汤上层的热量很高，
绝对不要喝

2

放凉后移到冰箱，等油脂凝结

3

完全捞出油脂即可
减少很多热量

柴鱼高汤

1

海带加水煮 20 钟，
捞出海带

2

放入柴鱼煮沸就熄火

3

过滤柴鱼就成健康高汤

蔬菜高汤

1

牛蒡去皮切段，香菇泡软切半

2

红、白萝卜去皮一起煲汤

3

吃掉蔬菜留着汤

小鱼干高汤

1

虾切碎比较容易出味

2

全部材料一起煮

3

再煮一下进行过滤

高卡美式快餐

坐在宽阔的快餐厅里吃着味美的快餐，看着路人来来往往，确是一种不错的享受，但是你可曾想到，快餐在带给我们方便与享受的同时，也带给我们不少的卡路里，常吃快餐，发胖也就在所难免了。下面介绍各式快餐的不同卡路里含量，让你有充分选择的余地。

1

原味鸡翅 1只 150千卡

2

原味鸡腿 1只 360千卡

3

原味鸡胸1个 380千卡

4

香辣脆鸡腿1个 150千卡

5

香辣脆鸡大腿1只 400千卡

6

香辣脆鸡胸1个179克 约460千卡

7

巴辣香鸡翅5只 约375千卡

8

脆鸡柳 5件 约665千卡

9

玉米1条 160千卡

10

焗松饼1个 180千卡

11

椰菜丝沙拉1份 103千卡

12

土豆泥1份 62千卡

13

原味鸡腿1只 140千卡

14

香辣脆鸡翅1只 180千卡

15

可乐1杯 15千卡

16

红茶1杯 0.5千卡

17

咖啡1杯 2千卡

18

脆薯饼 1 个　130 千卡

19

汉堡包 1 个　260 千卡

20

麦乐鸡 1 份　290 千卡

21

芥辣酱 1 盒	60 千卡
烧烤酱 1 盒	45 千卡
甜酸酱 1 盒	50 千卡

22

苹果派 1 个　260 千卡

23

圣代 1 杯　275 千卡

24

蛋汉堡 1 个　290 千卡

25

芝士汉堡包 1 个　320 千卡

26

香鱼汉堡 1 个　360 千卡

27

猪柳汉堡 1 个 360 千卡

28

朱古力奶昔 1 杯 360 千卡

29

猪柳蛋汉堡 1 个 440 千卡

30

大薯条 1 份 459 千卡
中薯条 1 份 312 千卡
小薯条 1 份 210 千卡

31

脆辣鸡腿汉堡 1 个 509 千卡

32

麦香鸡 1 个 510 千卡

33

巨无霸 1 个 560 千卡

34

热香饼 1 份 580 千卡

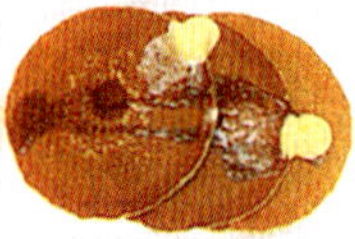

35

早晨全餐 1 份 610 千卡

街头小吃的热量

街头小吃可以说是构成城市快餐的一道美味，也体现出这个城市的饮食习惯与饮食特点。但是，街头小吃的卫生质量一直存在很多问题，即使小吃带给你回味无穷、爽口爽心的感觉，但是为了自身的健康，还是嘴下留情为好。

1

辣鱼蛋 1串 | 100 千卡

2

辣牛百叶 1串 | 44 千卡

3

辣墨鱼丸 1串 | 150 千卡

4

茶叶蛋 1只 | 73 千卡

5

辣牛丸 1串 | 80 千卡

6

辣螺肉 100克 | 97 千卡

7

烤红薯 100克 115千卡

8

牛杂 1串 123千卡

9

烧鸡翼 1只 150千卡

10

墨鱼丸6粒 234千卡

11

烧麦 1串 160千卡

12

生菜鱼肉 1碗 160千卡

13

冰淇淋1杯 167千卡

14

鸡串烧 1串 180千卡

15

糖炒栗子 10粒 185千卡

16

牛油玉米 1杯 211千卡

17

炸大肠 1串 213千卡

18

煎酿三宝 3件 217千卡

19

炸鱿鱼 100克 470千卡

20

鸡蛋仔 1底 240千卡

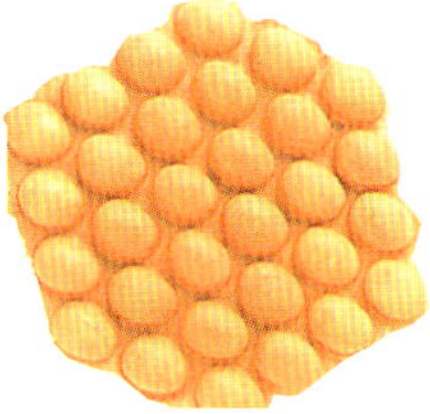

21

碗仔翅 1碗 | 240 千卡

22

香肠 1条 | 245 千卡

23

钵仔糕 1个 | 263 千卡

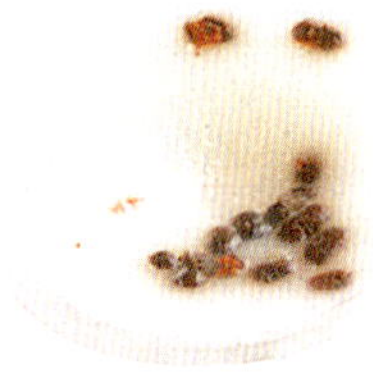

24

塔夫饼 1件 | 330 千卡

25

臭豆腐 1件 | 370 千卡

Tips:

街头小吃聪明吃

1. 由于街头小吃很多都是现做现吃的，所以，吃的时候一定要注意，不要着急，以免烫伤。
2. 小吃味道好，但是热量高，发胖责任自负。
3. 随时做一个环境保护者，吃完了不要乱丢垃圾，切记注意卫生。
4. 一次买一串足矣，路上类似小店连绵不绝，不要担心这个东西不买就吃不到。
5. 如果你不想连灰尘一块吃下去的话，最好选择离公路远一点的小吃摊。

高卡零食小心吃

喜爱零食，是众多MM的爱好，在繁多的零食中，选择合适你的，才是科学的、合理的，为了你的身材，高卡零食小心吃。

1

开心果20克（16粒） 127千卡

2

花生20克（23粒） 117千卡

3

杏仁20克（16粒） 122千卡

4

腰果20克（14粒） 114千卡

5

核桃20克（11粒） 133千卡

6

夏威夷果仁20克（13粒） 146千卡

7

榛子20克（14粒） 144千卡

8

爆玉米花17克 80千卡

9
虾条　16 克　80 千卡

10
芝士玉米片（31.8 克）　160 千卡

11
薯片　28 克（10 片）　151 千卡

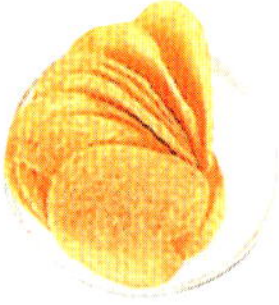

12
芝士球　28 克　157 千卡

13
玉米片　28 克　152 千卡

14
杏仁小鱼干 1 包（47 克）　241 千卡

15
花生　30 克　147 千卡

16
鱿鱼丝　20 克　55 千卡

17
豆果子 1 包（140 克）　671 千卡

18
鳕鱼香丝 1 包（32 克）　约 104 千卡

19
烤鱿鱼片 1 包（30 克）　94 千卡

20
提子干　20 克（约 35 粒）　63 千卡

高卡饼干也致肥

你知道巧克力饼干里到底有哪些东西吗？答案就是：大量的糖和很多的油脂。如果你每天下午都用巧克力饼干来满足嘴馋的渴望，只需要半年的时间，就会胖 7 公斤，如果这样持续一年，就会有 14 公斤的肉跟着你一起移动。美味的背后却是高热量的陷阱在等你，想想都让人觉得可怕。所以，选择一些水果或是蔬菜（比如：樱桃、胡萝卜）来替代这些高热量饼干，才是明智之举。

1

朱古力焦糖夹心威化饼 1 块　135 千卡

2

牛奶朱古力手指饼 1 块　120 千卡

3

全牛油饼干 1 块　90 千卡

4

牛奶朱古力牛油曲奇 1 块　90 千卡

5

低脂牛奶朱古力消化饼 1 块　85 千卡

6

消化饼 1 块　80 千卡

7

朱古力忌廉夹心茶饼1块　75千卡

8

全牛油提子曲奇1块　75千卡

9

低脂消化饼1块　75千卡

10

低脂提子曲奇1块　75千卡

11

果沾忌廉夹心饼1块　70千卡

12

黑朱古力全牛油夹心饼1块　70千卡

13

脆面饼1块　65千卡

14

忌廉夹心饼1块　60千卡

15

低糖高脂消化饼 1 块 60 千卡

16

朱古力咖啡曲奇 1 块 55 千卡

17

野菜高脂麦饼 1 块 52 千卡

18

杏仁曲奇 1 块 52 千卡

19

黑朱古力夹心橙饼 1 块 45 千卡

20

朱古力夹心威化饼 1 块 42.5 千卡

21

低脂茶饼 1 块 40 千卡

22

脆蛋卷 1 块 40 千卡

23

姜味脆曲奇 1块 | 35千卡

24

糖粉手指饼 1块 | 27.5千卡

25

茶手指饼 1块 | 25千卡

26

巧克力架 1块 | 24千卡

27

提子夹饼 1块 | 20千卡

28

芝士薄脆饼 1块 | 20千卡

29

芝士牛油酥 1块 | 18千卡

30

苏打饼 1块 | 15千卡

西式甜点的热量

甜点，中西餐谱上通行的英文Dessert乃借自法文，特指正餐之后的那一道甜点，区别于Tea Time的闲食，又作“甜品”而通行于中餐馆。

1

杨桃挞1个 515千卡

2

苹果派1个 478千卡

3

姜饼蛋糕1块 437千卡

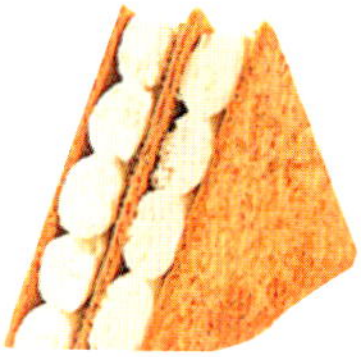

4

朱古力蛋糕1块 428千卡

5

面包圈1个 426千卡

6

咖啡蛋糕1块 418千卡

7

蓝莓芝士蛋糕1块 416千卡

8

焗芝士蛋糕1块 410千卡

9

朱古力布甸蛋糕 1 块　396 千卡

10

妙芙　1 块　375 千卡

11

栗子茸蛋糕 1 块　345 千卡

12

咖啡芝士蛋糕 1 块　339 千卡

13

朱古力蛋糕 1 块　331 千卡

14

鲜果忌廉蛋糕 1 块　324 千卡

15

蛋挞　1 个　320 千卡

16

鲜果挞 1 个　300 千卡

17

草莓慕丝蛋糕 1 块　286 千卡

18

冻忌廉芝士蛋糕 1 块　275 千卡

19

草莓忌廉蛋糕 1 块　272 千卡

20

糖浆班戟 1 块　265 千卡

21
水果派
1个
254千卡

22
牛油蛋糕
1件
253千卡

23
栗子挞
1个
250千卡

24
栗子忌廉
蛋糕1块
240千卡

25
红茶蛋糕
1块
232千卡

26
蓝莓班戟
1个
222千卡

27
比利时
窝夫1个
215千卡

28
鸡蛋布甸
1个
203千卡

29
果冻　1杯
162千卡

30
蜂蜜蛋糕
1块
158千卡

31
焗梳乎厘
1个
137千卡

32
芒果布丁
1个
118千卡

食物热量分类选择图表

食物种类	高热量（不吃为妙） ● 高糖 ● 高脂肪 ● 高盐分	中热量（可少吃） ● 糖分含量少许 ● 脂肪含量较少 ● 盐分含量尚可	低热量（可多吃） ● 低脂肪、高蛋白 ● 丰富的食物纤维 ● 丰富维生素、矿物质
主食和谷类	鱼奶油蛋糕、起司面包、菠萝面包、奶酥面包、油条、八宝粥、爆米花、匹萨、炸薯条	白米饭、土司、馒头、面条、苏打饼干、蕃薯、土豆、鸡蛋、鸡蛋糕	糙米饭、全谷类（燕麦、麦麸等）
奶类	乳酪、奶昔、炼乳、鲜奶油	优酪乳、全脂乳、调味乳、起司乳	脱脂乳、低脂优酸乳、无糖优酸乳
鱼肉类	肥肉、五花肉、鸡翅、牛腩、肠子、肉酱、香肠、火腿、热狗、鱼松、鲔鱼罐头	去油瘦肉、去皮鸡肉、去皮鸭肉、猪内脏、鱼丸	去皮鸡胸肉、海参、海蜇、干贝、乌贼、虾、蛋白

食物中的营养素主要包括蛋白质、碳水化合物、脂肪、维生素、元素类(宏量及微量元素)和水，其中提供能量的是前3种。请牢记以下食物的归类,并应用到日常生活中。

蔬菜类	炸过的蔬菜（炸豌豆、炸蚕豆、炸地瓜、炸薯片、炸茄子等）	牛蒡、蚕豆、莲藕、南瓜、豌豆、山药	青花菜、菠菜、西兰花、茄子、黄瓜、蘑菇、丝瓜、十字科蔬菜、竹笋、萝卜等
油脂类	奶油、沙拉酱、猪油、牛油	植物油、橄榄油	
水果类	酪梨、葡萄干、柿饼、果汁饮料、水果罐头、香蕉干	香蕉、柿子 	苹果、西瓜、葡萄柚、木瓜、樱桃、梨子、草莓、火龙果、奇异果
其他类	含糖饮料（可乐、汽水）、酒类、油豆腐、炸臭豆腐、炸豆包、果酱、冰淇淋	蜂蜜、胡桃、杏仁芝麻、甜豆花	豆腐、魔芋、紫菜、海带

低热量食物

以下介绍的这些食物，都是属于低卡高纤，对于减肥和瘦身有很好的帮助，不妨在你的一日三餐中，加以好好地利用。

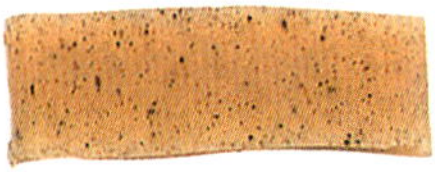

魔芋 100克

热量3千卡

富含特殊的食物纤维，可以帮助体内毒素与老化废物排出体外，促进新陈代谢，并可预防疾病。

魔芋丝的营养成份与魔芋相同，可代替面食用，可大大减少热量的摄取。

魔芋丝 100克

热量3千卡

海带 10厘米

热量4千卡

富含钙、镁、具有预防骨质疏松、高血压，饮用海带泡汁具有降血压的作用。

富含钙、钾、锌、铜等物质可以预防高血压，改善贫血症状。

海带芽 10克

热量7千卡

洋菜 20克

热量15千卡

洋菜含有丰富的食物纤维与多糖成分，可以降低胆固醇、降血糖、并有改善便秘、抗癌的效果。

富含食物纤维、矿物质和维生素B、维生素C、可以促进儿童与老人的骨骼生长。

紫菜 10克

热量20千卡

新鲜香菇 50克

热量10千卡

香菇富含维生素C维生素D与多种氨基酸，又是高蛋白、低脂的健康食品，很适宜做为减肥食品。

干香菇的营养成分大致与新鲜香菇相同，维生素D的含量特别丰富，最适合儿童与孕妇的食物。

干香菇 20克

热量30千卡

常吃金针菇可以预防与治疗肠道溃疡、高血脂与肥胖症，可以抑制血脂升高，降低胆固醇。

金针菇 50克
热量11千卡

美白菇 50克
热量9千卡

富含各种维生素与矿物质，可以改善肠胃溃疡、降血压、降低胆固醇。

蛋白质含量较一般蔬菜高2～12倍，含有多种维生素，高纤维，低热量，还可抑制癌症。

杏鲍菇 50克
热量11千卡

松口菇 50克
热量5千卡

常吃松口菇可以提高免疫力、预防便秘，促进排毒，并可降低胆固醇，属于低热量食物，可多吃。

富含维生素，可以预防钙质流失，帮助骨骼成长，又有养阴清热、润燥的功效。

银耳 5克
热量1千卡

木耳 2克
热量4千卡

具有预防动脉硬化、心血管疼痛，经常食用有滋阴补肾强心健脑之效。

豆芽富含维生素可以清除胆固醇与脂肪堆积在血管壁，并含有丰富的纤维质，可以改善便秘。

豆芽菜 50克
热量14千卡

冬瓜 100克
热量7千卡

冬瓜可使体内的糖分与淀粉转为热能，而不会变成脂肪，很适宜减肥者食用，并可以抗老化．养颜美容。

竹笋属于低脂肪、低糖、多纤维的健康食物，最适宜便秘与肥胖者食用，不过，肠胃不好的人或是结石的人不宜多吃。

竹笋 50克
热量20千卡

黄瓜 50克
热量9千卡

黄瓜具有清热、利水、消肿，降血糖等功效，常吃新鲜的黄瓜可以达到减肥美服的效果。

瘦身食品全集合

1

番茄 热量低，可以预防动脉硬化，高血压，并可消暑，清热，助消化。

2

苹果 含果胶、纤维素，可以帮助体内排除毒素，净化身体，所以对减肥瘦身也有效。

3

燕麦 含有丰富的食物纤维，具有降胆固醇及降血脂的作用，这种可溶性的燕麦纤维，是在其他食物中找不到的。同时也适合心脏病和高血压的病人食用。

4

玉米 的脂肪含量较低，可以降脂降压，很适合营养过剩的肥胖者食用，不过，还是不宜多吃。

5

土豆 可以防止脂肪的摄入，使多余的脂肪逐渐代谢出去，可以达到减肥的效果，不过先决条件是不得加奶油。

6

红枣 能提高机体的抗氧化和免疫力，对降低血中胆固醇，三酸甘油脂也很有帮助。

7

丝瓜 水分多，热量低，具有利尿的效果，不易形成脂肪。

8

山楂 具有化滞消积，可降低胆固醇、三酸甘油脂，促进脂肪的分解，所以对减肥也有效。

9

洋葱 含有前列腺和激活血溶纤维蛋白质活性成分，有助于血栓的溶解，洋葱几乎不含脂肪，故能抑制高脂肪饮食所引起的胆固醇升高，有助于改善动脉硬化。

10

萝卜 含大量水分与纤维，可以消积化滞，促进脂肪的分解，有利于减肥。

11

胡萝卜 富含食物纤维，具有防癌、抗老化的功效，并可改善肌肤干燥。

12

菠菜 含大量纤维可帮助排便，并含有各种维生素，矿物质，可使肌肤光滑细嫩。

13

西兰花 对减肥、消水肿有一定的功效，并可预防动脉硬化。

14

芹菜 富含纤维质可促进排便，可降血压，血脂，胆固醇。

15

海带 热量低又含胶质，并可降低胆固醇与高血压，可以养颜美容与增加头发光泽。

16

木瓜 酵素可以消化蛋白质，有利于人体对食物的消化与吸收，避免脂肪堆积在体内，并可使皮肤更加润泽。

17

菌菇类 香菇、金针菇、草菇、蘑菇等菌类菇都是低热量食物，可以帮助消化，活络体内的细胞，又能产生饱足感。

18

木耳 富含铁与胶质，可以清胃涤肠，使肌肤红润，容光焕发，热量低多吃也不怕胖。

19

银耳 富含天然胶质，又有滋阴的作用，可以润肤，助排便，益气清肠。

20

魔芋 低热量又含食物纤维，可以降低血中的胆固醇，预防便秘与大肠癌。

21

豆芽 含水分高、热量低，不易堆积成皮下脂肪，很适宜减肥的人士。

22

苦瓜 含水分多，食后产生的热量少，不易形成脂肪堆积。

23

黄瓜 具有利尿、解毒的功效，并可抑制脂肪的合成。

24

竹笋 富含粗纤维，低脂，可促进排便，但是胃溃疡者不宜吃。

25

薏仁 有清热、促进排便的功效，常吃薏仁或喝薏仁茶可以达到减肥瘦身的效果。

26

草莓 的热量很低，可以预防动脉硬化、坏血病、心血管疾病，对减肥也有帮助。

27

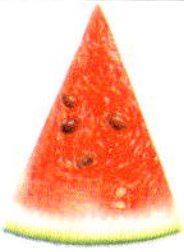

西瓜 具有除烦、止渴、利尿的功效，而且又能降血压，促进大便通畅。但是胃寒者少吃。

28

红豆 含高蛋白、低脂肪，又具有利尿、消肿的功效，作为健美减肥的食品是个不错的选择。

29

猕猴桃 富含膳食纤维，可以利尿、降低胆固醇、预防便秘，也可快速消除肠内的有害物质。

30

豆腐 干替代肉类，可以减少肉类摄取，还能摄取到足够的蛋白质。多吃豆腐还可以美容、抗衰老。

31

葡萄柚 是减肥与补充维生素的绝佳水果，可以降血压，帮助消化。但是不宜与药物同吃。

32

火龙果 富含水溶性纤维，具有减肥、降血糖、润肠的功效，又因含维生素 C，可以美白肌肤。

日常活动的热量消耗表

注：以下活动时间以30分钟为标准

活动	热量
做饭	69千卡

活动	热量
洗碗	68千卡

活动	热量
擦窗	93千卡

活动	热量
吸尘	70千卡

活动	热量
插花	57千卡

活动	热量
拖地	133千卡

叠被	130千卡	洗衣服	57千卡	烫衣服	60千卡

搬家具	160千卡	洗车	120千卡	剪草	130千卡

看电视	36 千卡

看电影	66 千卡

遛 狗	130 千卡

晾衣服	110 千卡

卡拉 ok	40 千卡

玩游戏	112 千卡

游 泳 330 千卡

打网球 352 千卡

打羽毛球 135 千卡

打乒乓球 135 千卡

打保龄球 90 千卡

打高尔夫 93 千卡

踢足球 210 千卡

打台球 135 千卡

骑单车 120 千卡

爬楼梯 141 千卡

(注:10 分钟)

跑 步 180 千卡

仰卧起坐 180 千卡

跳绳
(注:10 分钟)
224 千卡

跳健身操
224 千卡

跳舞
130 千卡

柔道
300 千卡

骑马
138 千卡

滑雪
127 千卡

打电话 33千卡

穿衣服 41千卡

睡午觉 24千卡

泡 浴 84千卡

开 车 82千卡

工 作 38千卡

瑜 迦 120 千卡

空手道 300 千卡

太极拳 120 千卡

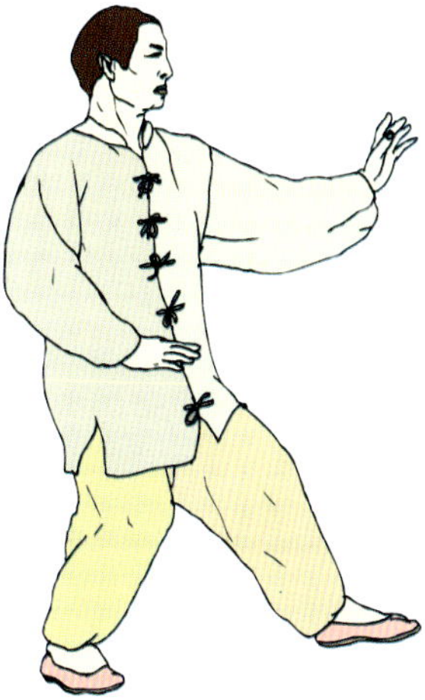

打篮球 180 千卡

打排球 90 千卡

跆拳道 500 千卡

图书在版编目(CIP)数据

饮食减肥热量图谱／养生堂编委会编.－北京：中国轻工业出版社，2005.7
ISBN 7-5019-4937-9

Ⅰ.饮…　Ⅱ.养…　Ⅲ.食品营养－热能－图谱
Ⅳ.R151.4-64

中国版本图书馆 CIP 数据核字（2005）第 056363 号

责任编辑：白　晶　　责任终审：劳国强　　封面设计：沈　琳
策划编辑：白　晶　　文案统筹：周　晖　　版式设计：赵　伟

出版发行：中国轻工业出版社（北京东长安街6号，邮编：100740）
印　　刷：北京画中画印刷有限公司
经　　销：各地新华书店
版　　次：2005年7月第1版　　2005年7月第1次印刷
开　　本：787×1092　1/32　　印张：5
字　　数：150千字
书　　号：ISBN 7-5019-4937-9/TS·2852　　定价：20.00 元
读者服务部邮购热线电话：010-65241695　010-85111729　　传真：010-85111730
发行电话：010-65128898
网　　址：http://www.chlip.com.cn
Email：club@chlip.com.cn
如发现图书残缺请直接与我社读者服务部联系调换
50396SAX101HBW